Balanced Body Care

김진희 편저

"인체의 자연스러운 파동을 활용한 테라피,
당신의 몸과 마음을 조화롭게 회복합니다."

도서출판 진영사

회복과 아름다움의 새로운 시작!
"과학적 기반으로 설계된 신체 기능
회복과 최적화를 위한 솔루션
Balanced

TABLE OF CONTENTS

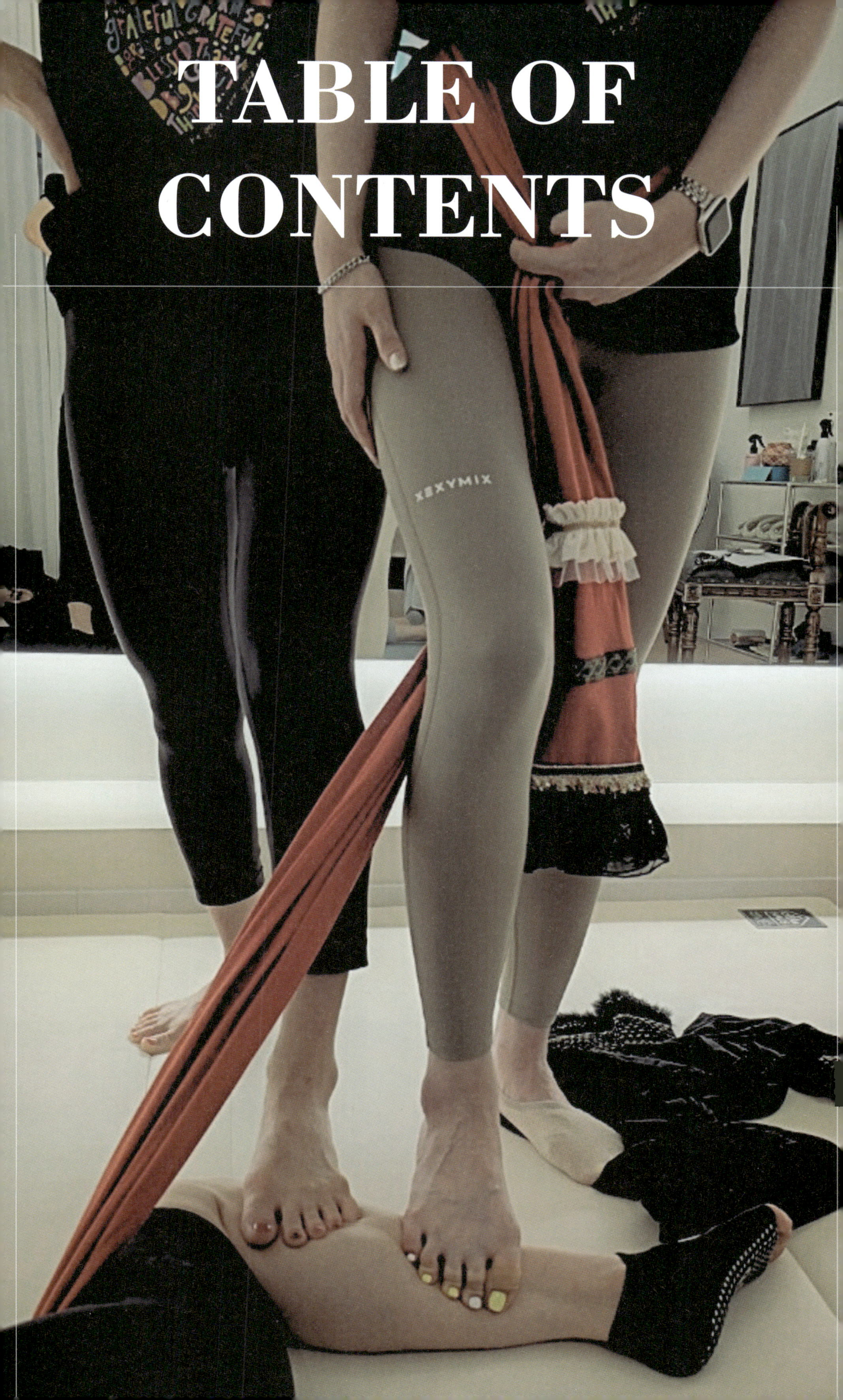

Balance + Line + Wellness

재활뷰티: 회복과 아름다움의 새로운 시작! 몸과 마음의 균형을 이루고, 신체적 회복을 위한 다양한 프로그램과 몸매 관리, 정신적 안정을 아우르는 holistic한 경험을 만나보세요

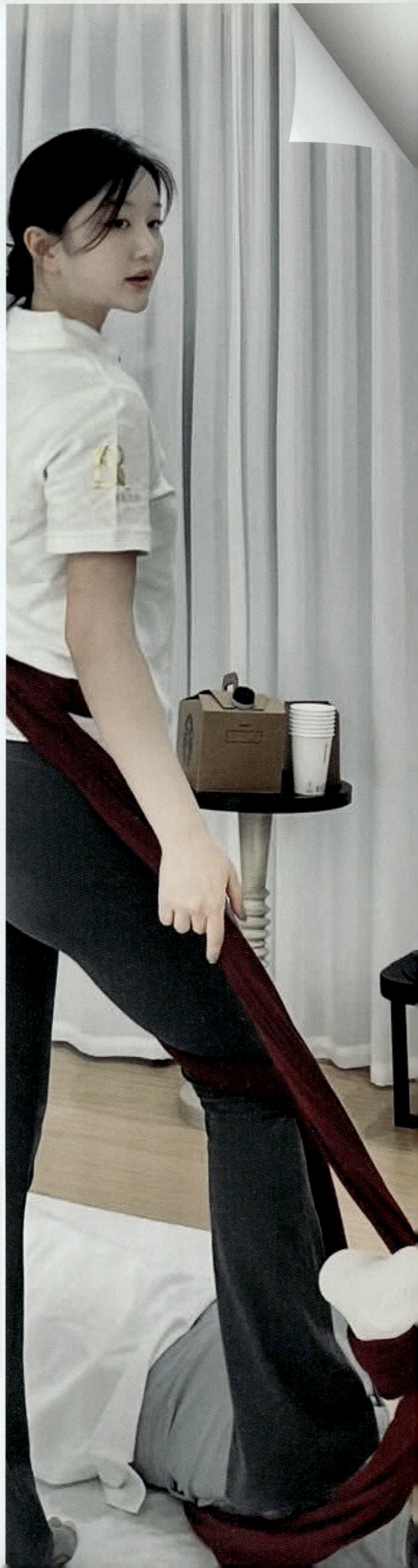

"슬링으로 이끄는 치유의 여정

동양의학의 자연 치유 원칙을 담아, 슬링은 몸의
에너지를 부드럽게 흐르게 합니다.

발리너스를 하고 달라진 삶의 변화들

어느 날 찾아 온 질환과 통증으로 힘들때 발리너스를 알게 되었고 삶은 완전히 달라졌습니다.

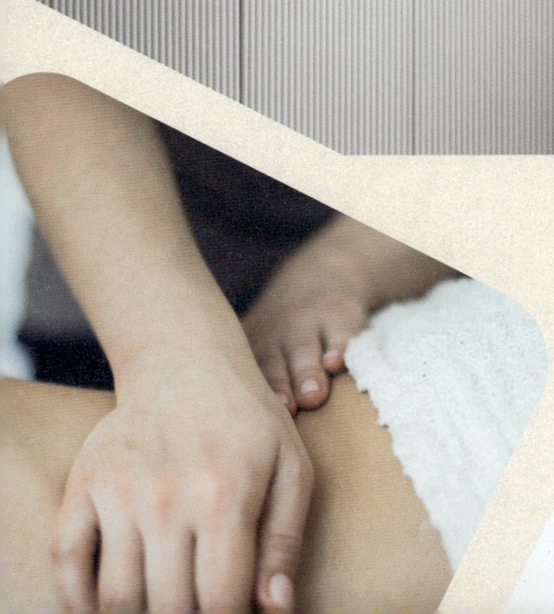

BALINESS CARE

케이발리너스 대표 및 협회장

· (주)케이발리너스의 대표로 활동하고 있다.
· 이 회사는 발리너스 관련 서비스 및 제품을 제공하는 기업이다.

협동조합 및 국제 중의사

· 발리너스협회의협회장으로도 활동
· 발리너스사회적협동조합의 대표이사로서, 사회적 가치를 중시하는 사업을 운영하고 있다.
· 국제중의사로서, 중의학 분야에서의 전문성을 인정받고 있다.
· 협동조합의 목표는 지역 사회와 회원의 복지를 증진하는 것이다.

중의학 연구 및 미용 협회
대한국제중의연구협회장

· 대한국제중의미용협회장으로서, 중의학을 활용한 미용 분야의 발전을 도모하고 있다.

전문 경력 및 교육
호텔 및 스튜디오 경력

· 전) 한국예술종합대학교 외래교수
· 다양한 강의와 워크숍을 통해 이론과 실습을 가르쳤다.
· 전) 조선호텔 CIA VIP 전담
· 전) 제이피스튜디오 대표원장으로서, 스튜디오 운영 및 고객 관리에 대한 경험을 쌓았다.
· 전) 알에스 스튜디오 대표원장

체형 및 운동 관련 자격

· 전) 체형과학연구소 교정방석개발에 참여하여, 체형 교정에 대한 연구 및 개발을 진행하였다
· 태권도 사범지도자로서, 태권도 교육 및 훈련에 대한 전문성을 보유하고 있다.
· 우슈 6단 자격을 보유하고 있으며, 이는 무술 분야에서의 높은 수준의 기술을 나타낸다.

필라테스 및 카이로프래틱

· 국제폴스타필라테스 자격을 보유하고 있으며, 필라테스 교육 및 훈련에 대한 전문성을 갖추고 있다.
· 자이로토닉 및 카이로프래틱 수료를 통해 다양한 운동 치료 기법을 익혔다.
· NP척추최고위과정과 C.S.T과정 수료를 통해 척추 건강에 대한 깊은 이해를 갖추고 있다.
· 기구웨이브 개발에 참여하여, 새로운 운동 기구의 개발에 기여하였다.

발리너스 상표 및 칼럼

· 발리너스상표출현을 통해 브랜드의 인지도를 높이고 있다.
· K-BALINESS 국제상표출현을 통해 국제 시장에서도 브랜드를 알리고 있다.
· 한국경제프리슈머에서 건강 칼럼을 연재하며, 건강 관련 정보를 제공하고 있다.

미디어 출연 및 건강 칼럼

· KBS, MBC, MBN 엄지의 제왕 프로그램에 출연하여, 건강 관련 정보를 대중에게 전달하고 있다.
· 한국기자회 브랜드 대상 수상

BALINESS FOUNDER

김진희 (대체의학박사)
국제중의사

계명대학교 사회체육학과 졸업
경기대 대체의학 동작통합치료 석사 졸업
경희대학교 동서의학대학원
동서의학과 대체보완의학 박사학위
"치자열매 추출물의 신경가소성에 대한 보호작용 연구" 논문
우수학위논문상 수여

"THE TEAM THAT CREATED"

발리너스 프로그램은 대체의학 석박사 및 국제중의사 출신 전문가들이 수천 번의 반복 연구와 개발을 통해 완성한 프로그램입니다. 발리너스는 앞으로도 많은 사람들의 삶을 중심으로 한 건강 관리를 실천하여, 모두가 행복을 누릴 수 있는 삶을 이루기 위해 최선을 다하겠습니다.

노경열 대표

Editor

편집 및 교열

정무절권도 총본관 (ESSENCE OF GUNG FU : JKD) 노경열 대표

20년 이상 무술 수련을 해오며 배우고 느낀 것들을 훌륭한 학생들에게 전하고 있습니다. 꾸준한 무술 수련은 스포츠조선, MBN 등 10여년 간의 기자생활 동안 발생했던 위험한 상황에서 저를 지킬 수 있게 해줬고, 육체와 정신의 동반 성장과 통합에 대한 철학적 사유를 가능하게 만들었습니다.
발리너스 김진희 대표님과도 절권도 수련을 통해 인연을 맺었으며, 대표님의 통찰력과 경험, 그리고 추진력 등은 저에게도 큰 동기부여와 공부가 되고 있습니다.
기자 시절의 경험을 살려 대표님 저서의 편집과 교열을 도울 수 있어서 영광입니다.

프로필

(현) 정무절권도 총본관 (ESSENCE OFGUNG FU : JKD) 대표
(현) 이소룡(진번) 절권도 대만 협회 부총교련
(현) 스포츠서울 호신술칼럼 '알쓸호이' 연재

(전) 스포츠조선 취재기자 (야구 / 농구)
(전) MBN 취재기자 (정치부 / 산업부)
한양대학교 공과대학 원자력공학 학사
한양대학교 체육대학 대학원 운동처방학석사
(비만 / 노화 연구실)
국제신문 절권도 소개기사 및 영상 출연
YTN SCIENCE '비욘드아이' 절권도편 출연
한국기자협회협회보 '기자 그 후' 인터뷰
장혁, 한지은, 고윤 등 연예인 다수 절권도 지도
언론인 대상 절권도 및 기능성 트레이닝 지도
뮤지컬 / 영화 / 드라마 액션 자문

"SOCIAL COOPERATIVE"

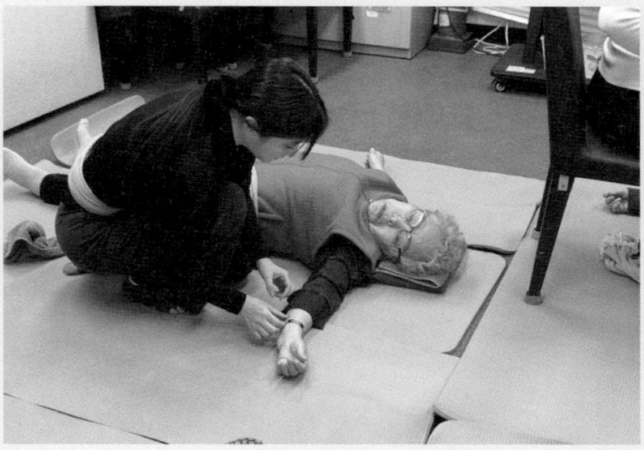

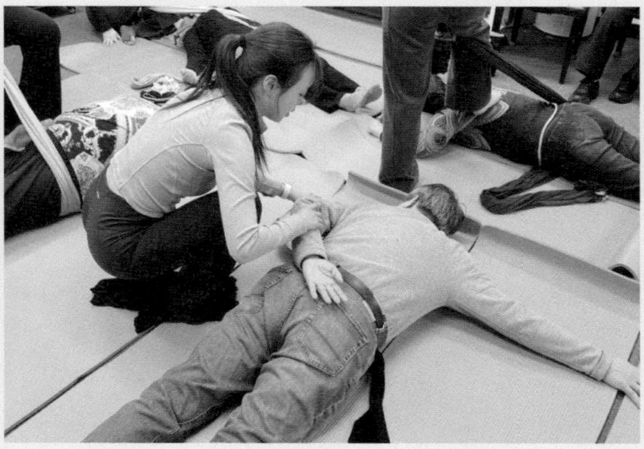

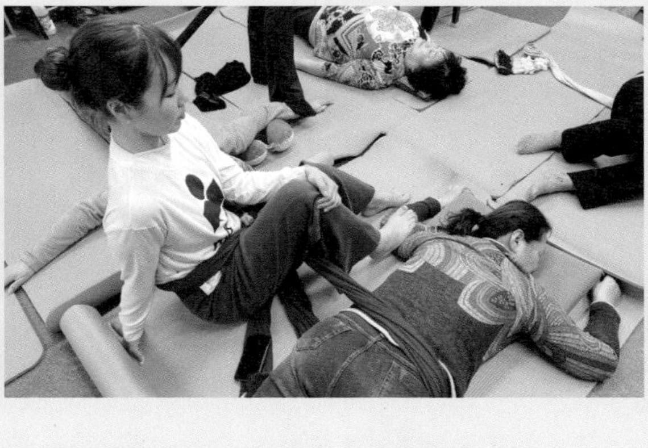

"우리는 주민들이 건강한 삶을 누릴 수 있도록 돕습니다. 교육 프로그램을 통해 주민들이 스스로 건강을 관리할 수 있는 힘을 기르는 것이 우리의 목표입니다."

발리너스 사회적협동조합 이사
이현재 이사님
황유주 이사님

BALINESS INSTRUCTOR TRAINING

발리너스 공식 지정 지도사 교육센터

이현재 원장님
발리너스 vip 하남

황유주 원장님
발리너스 vip 청담

박예나 원장님
발리너스 힐니스 신용산

BALINESS

안녕하세요. 발리너스 개발자인 김진희박사 입니다.
본 책을 통해 신체의 균형과 건강을 유지하고
향상시키는 방법을 소개하고자 합니다.

동양의학 원리를 기반으로 한 이 책은 발리너스에
대한 이해를 쉽게 할 수 있도록 구성되어 있습니다.
발리너스에 처음접하는 독자도 새로운 정보를
얻을 수 있습니다.

발리너스는 태극권의 동작을 중심으로 동양의학과
서양의 해부학을 융합한 학문입니다. 또한, 저자
개인이 겪은 몸에서 느끼지 못한 질병에 대한 경험과
이야기가 담겨 있습니다.

태권도 선수 출신인 저자는 다양한 부상과 고통을
겪었지만 발리너스를 통해 신체의 균형과 건강을
유지하고 개선했습니다. 본 책을 통해 이를 여러분과
공유하고자 합니다.

마지막으로, 발리너스에 대한 흥미와 이해를 높이며,
건강하고 행복한 삶을 만들어 나가길 기원합니다.

2023년 12월 꿈의 하우스 에서 집필 시작

"아! 제발 내 병명 만이라도 알고 싶다."

태권도 선수로서의 13년, 그 길은 결코 평탄하지 않았습니다. 매일같이 훈련과 경기를 거듭하며, 나는 수많은 크고 작은 부상들을 겪었습니다. 매트 위에서의 강한 충격, 상대와의 격돌, 그리고 반복되는 훈련 속에서 내 몸은 점점 더 많은 고통을 감당해야 했습니다. 그러나 그 고통 속에서 더욱 무서운 것이 있었습니다. 나는 내 몸에 인지하지 못하는 병을 키워가고 있었던 것입니다.

특히 비가 오는 날이면, 무릎의 통증이 극심해져 일상 생활에 큰 지장을 주었습니다.

비가 내리면 몸은 무겁고, 마음은 더욱 우울해졌습니다. 태권도라는 스포츠가 나에게 주었던 기쁨과 성취감은 어느새 고통과 두려움으로 바뀌어 있었습니다.
그리고 10년 동안 나를 괴롭힌 오른쪽 귀의 통증은 또 다른 악몽이었습니다.

원인도 모르는 그 아픔은 매일 나의 삶을 지배했습니다. 머리카락 하나가 오른 뺨에 스치기만 해도, 마치 칼로 베인 듯한 고통이 느껴졌습니다. 그 통증은 단순한 신체적 고통을 넘어, 내 정신까지 갉아먹었습니다. 귓구멍이 작아지면서 짓물이 흘러나오고, 귓속에서 벌레가 기어가는 듯한 기분은 매일매일의 삶을 고통으로 가득 채웠습니다. 이 모든 것이 나를 괴롭히고 있었고, 나는 그 고통에서 벗어나고 싶었습니다.

병의 원인을 찾기 위해 여러 대형 병원을 찾았지만, 뇌 CT 촬영과 목 MRI 검사 결과는 "아무런 이상이 없습니다."라는 일관된 답변뿐이었습니다. 그 대답은 나의 절박함을 더욱 깊게 만들었습니다. 더 이상 검사를 통해 해결책을 찾을 수 없었던 나는 새로운 길을 모색하기로 결심했습니다.

일주일에 마사지 2회, 스테로이드 주사 1회, 한의원 2회, 필라테스 5회. 몇 년간 꾸준히 이어온 치료에도 불구하고, 고가의 관리 유지비에 비해 신체 상태는 크게 개선 되지 않았습니다. 투자한 비용과 시간에 대한 결과는 전혀 만족스럽지 않았고, 경제적 부담은 나를 더욱 힘들게 했습니다.

그런 답답한 상황 속에서, 나는 누구도 믿을 수 없다는 절박함으로 “내가 직접 알아내자!”는 각오를 다졌습니다. 대체의학에 대한 공부를 시작하고, 다양한 분야의 스승들을 찾아 나섰습니다. 움직임에 대한 새로운 연구와 배움의 시간이 시작된 것입니다.
수십 년간의 운동 경험을 바탕으로 나는 필라테스, 자이로토닉, 태극권, 절권도, 한국무용 등을 접하면서 나만의 창의적인 체형 교정 방법과 운동 치료법을 개발하게 되었습니다. 이 과정을 통해 나는 단순히 몸의 통증을 관리하는 것이 아니라, 내 몸이 가진 본연의 힘을 되찾는 길을 찾았습니다.

이제 나는 나 자신을 치유하는 주체가 되었고, 그 과정 속에서 얻은 지식과 경험은 나를 한 단계 더 성장하게 만들었습니다. 고통은 나를 괴롭혔지만, 그 덕분에 나는 새로운 길을 발견했습니다. 더 이상 아픔에 눌리지 않는 삶, 나 자신을 사랑하고 돌보는 여정을 계속해 나가고 있습니다.

태극권 수련 모습

절권도 수련 모습

BALINESS

짧은 시간 통증 없이 내 몸이 변하는 시간!

'피트니스'의 시대를 지나 '웰니스'의 시대가 도래하였습니다. 더 이상 몸만 단련하는 것이 아니라, 몸의 균형을 유지하고 체형을 관리하는 것이 중요합니다. 이를 통해 아름다움만큼이나 건강함을 얻을 수 있습니다.

긴장되어 버티고 있는 육체에게 필요한 것은 격렬한 운동이 아니라, 오히려 쉼과 이완의 시간입니다.

이를 위해서는 경직된 근육과 관절을 부드럽게 풀어주며, 외부 유해 환경, 스트레스, 잘못된 식습관 등으로 인해 체내에 쌓인 독소를 배출하는 것이 가장 중요합니다.

'발리너스 슬링'을 적극 추천드립니다.

Balance + Line + Wellness

1 상체 근육 발달
어깨 라인과 팔 라인을 만들기 위한 푸시업 동작. 무릎을 바닥에 붙이고 다리는 뒤로 든 상태에서 체중을 앞으로 실어 팔을 굽혀 내린다. 팔은 앞으로 너무 많이 내밀지 말고, 어깨에서 직각으로 떨어지는 위치에 놓는다. 내릴 때 숨을 들이쉬고 올릴 때 내쉰다.

현자세

겨드랑이 독소 배출, 현자세
앉은 자세에서 왼발은 안쪽으로 접고 오른발은 뒤쪽

를 5회 반복한다.

의 동작을 유지한 후 상체를 한쪽으로
려 자세를 유지한다. 10초 동안 유
반복.

과거 홈 트레이닝의 목적이 체중 감량이었다면 최근에는 보디라인을 교정하는 간단한 운동법이 대세다. 잠들기 직전 약간 땀이 나는 정도의 운동은 숙면에도 도움을 준다. 어느 집에나 있을 법한 도구를 활용해 보디라인 잡아주는 홈 트레이닝 기술 연마하기.

메뚜기 자세

폐 기능 강화, 메뚜기 자세
엎드린 상태에서 양손을 바닥에 짚고 상체
세운 다음 하체에 힘을 주어 바닥에서 들어
이때 시선은 정면을 향하고 발바닥이 하늘
록 한다. 30초간 호흡하며 한 세트 더 반복

반물고기 자세

장내 독소 배출, 반물고기 자세
오른다리 무릎을 구부려 오른발은 왼쪽 엉덩이 옆에 둔다. 왼다리 무릎은 세워 오른다리 무릎 바깥쪽으로 놓는다. 왼손은 엉덩이 옆 바닥에 두고, 오른 팔꿈치를 왼다리 무릎 바깥쪽에 댄다. 척추를 곧게 세운 뒤 팔꿈치로 무릎을 안쪽으로 밀어내면서 20초간 호흡하며 버틴 다음 반대쪽도 같은 방법으로 실시한다. 이를 한 세트 더 반복한다.

Activities

THOUSANDS OF HOURS OF RESEARCH AND HARD WORK FOR MY BALLINUS

INTERNATIONAL CERTIFICATIONS I'VE EARNED

BALINESS

WELLNESS LAB

발리너스 슬링: 인간과 자연, 공동체의 근본적 연결을 탐구하다

발리너스의 슬링은 태아와 엄마를 연결하는 탯줄에서 영감을 받아, 인간 존재의 근본적인 연결성과 상호 의전성을 상징합니다. 이 슬링은 단순한 물리적 도구를 넘어, 인간과 자연, 그리고 공동체 간의 깊은 유대감을 형성하는 매개체로 자리잡고 있습니다.

발의 동작 원리는 우리의 조상들이 자연과 소통하며 농사를 지었던 발디딤에서 비롯되었습니다. 이러한 전통적인 발의 움직임은 버선 모양의 3박자 라운드형에서 영감을 받아, 자연속에서의 균형과 조화를 이루는 데 중점을 두고 있습니다. 이는 조상들의 삶과 밀접한 관련이 있는 우리 고유의 기술로, 현대 사회에서도 여전히 중요한 의미를 지니고 있습니다.

결론적으로, 발리너스의 슬링을 통한 발 사용 기술은 인간, 자연, 공동체 간의 연결을 재확인시킵니다. 이 기술은 우리가 잊고 있던 뿌리와의 연결을 되새기게 하며, 현대 사회에서 자연과의 관계 및 협력의 중요성을 성찰하게 합니다. 발리너스는 이러한 철학을 바탕으로, 건강하고 지속 가능한 삶을 위한 새로운 패러다임을 제시하고 있습니다.

BALINESS PHYSICAL SKILL

김진희박사님은 태권도 선수 출신이자 필라테스 전문가로서 수많은 임상 연구를 기반으로 개발한 '발리너스슬링'은 동양의 12경락과 679개의 경혈을 중심으로 체형 관리에 중점을 두고 있습니다. 이 프로 그램은 건강한 몸매를 유지하고자 하는 이들에게 최적의 솔루션을 제공합니다.

BALINESS SLING

발리너스 슬링은 동양의 〈기행즉혈행〉을 기반으로 서양의 재활 필라테스와 태극권의 움직임과 결합한 혁신적인 프로그램입니다.

지금까지 우리는 생활 스포츠 지도자 자격증 및 요가 및 필라테스 강사 과정에서 서양의 해부학에 기초하여 근육, 신경, 혈관, 림프 체계에 대한 심층적인 이해를 쌓아왔습니다. 그러나 최근에는 경락(에너지의 통로)과 경혈(침이나 뜸을놓는 자리)에 대한 이해가 점차 중요해지고 있습니다. 이는 대안 요법의 글로벌 트렌드로 자리 잡고 있으며, 해외에서도 다양한 연구와 치료법이 활발히 진행되고 있습니다.

발리너스 슬링은 이러한 최신 경향을 반영하여 몸의 에너지를 원활하게 흐르게 하고, 건강한 삶을 위한 새로운 학습 기회를 제공합니다. 이 특별한 경험을 통해 여러분은 몸과 마음의 조화를 이루는 기회를 가질 수 있습니다.

발리너스 슬링은 긴 끈을 활용하여 파동을 발생시킴으로써, 신체에 축적된 가스를 배출하고 염증을 완화하는 혁신적인 운동 치료 방법입니다. 우리는 수천 건의 연구를 통해 운동 치료법을 최적화하고 확장해 왔으며, 이를 통해 보다 건강하고 활기찬 삶을 실현하기 위해 지속적으로 노력하고 있습니다.

특히, 병원에서의 적절한 처방이 어려운 경우에도 발리너스는 효과적인 운동 치료를 제공하기 위해 연구를 지속하고 있습니다. 우리의 운동 치료법은 개별적인 상태와 통증의 원인을 면밀히 고려하여 맞춤형으로 적용됩니다. 이로 인해 많은 분들이 고통에서 벗어나는 성과를 경험하고 있습니다.
일부 사람들은 병원에서의 제한된 운동 치료 방식으로 인해 효과가 제한되는 경우가 많습니다. 그러나 발리너스의 운동 치료법은 이러한 한계를 극복할 수 있는 대안을 제시합니다.

우리는 인체의 균형을 회복하고 통증의 근본 원인을 해소하기 위해 종합적인 운동 치료 효과를 지향하는 운동법을 개발하고자 합니다. 여러분도 발리너스의 혁신적인 접근을 통해 건강한 삶을 되찾고, 통증으로부터 자유로운 일상을 누리시길 바랍니다. 우리의 경험과 연구가 여러분의 삶에 긍정적인 변화를 가져다 줄 것입니다.

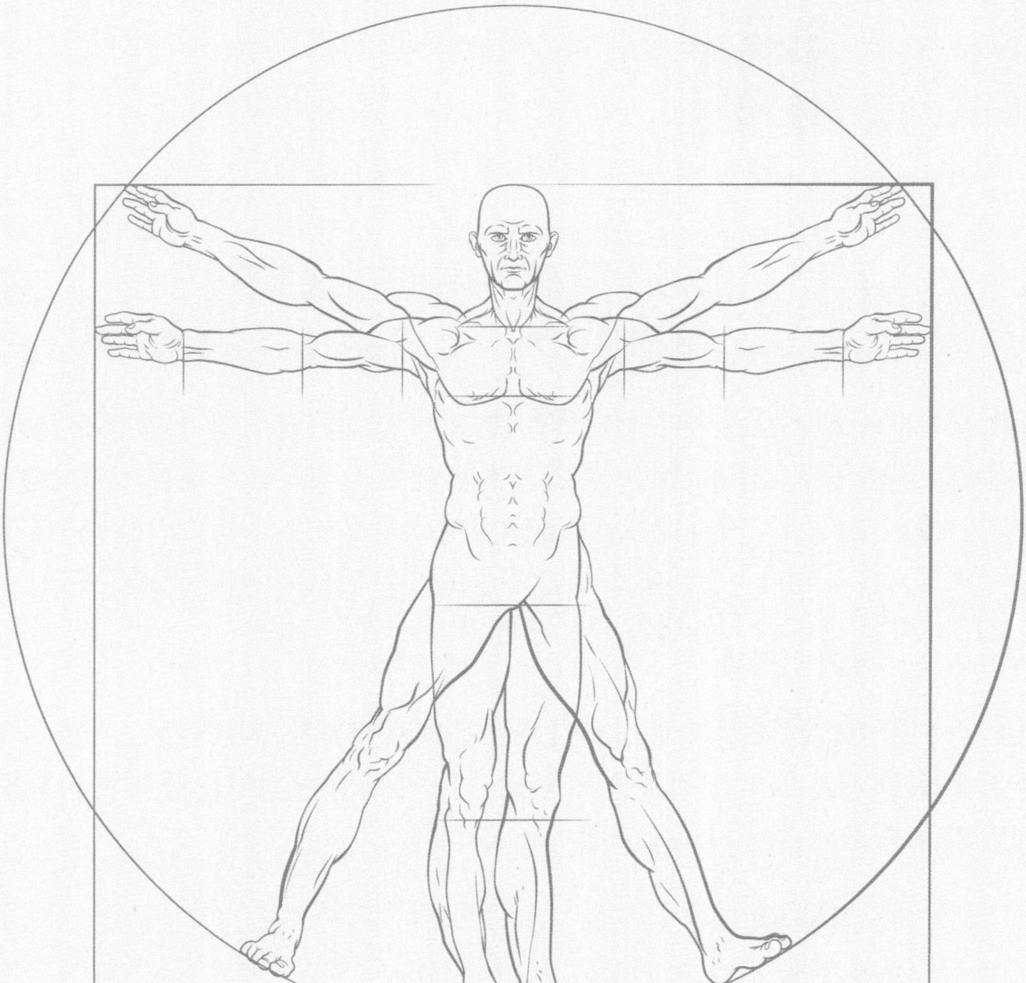

Natura Position

발리너스의 운동 치료법은 수천 번의 실험과 연구를 통해 정교하게 개발되었습니다.
움직임은 우리의 삶에서 필수적인 요소입니다. 매일 다양한 활동을 통해 몸을 움직이지만, 그 중요성을 간과하기 쉽습니다. 인간의 몸은 유기적으로 연결되어 있으며, 각 부분이 서로 영향을 미칩니다. 따라서 운동 치료를 진행할 때는 이러한 연결성을 인지하고, 경혈에 대한 깊은 이해를 바탕으로 접근해야만 근본적인 문제를 해결할 수 있습니다.

예를 들어, 올바른 자세로 20분 이상 정지해 있는 것만으로도 신체에 스트레스를 줄 수 있습니다. 장시간 같은 자세를 유지하면 근육이 경직되고, 혈액 순환이 원활하지 않아 불편함을 초래할 수 있습니다. 이러한 불편함은 단순한 피로감에서 시작해 장기적으로는 통증이나 더 심각한 문제로 발전할 위험이 있습니다.

따라서 15분마다 자세를 바꾸고, 간단한 스트레칭이나 가벼운 움직임을 통해 몸의 긴장을 풀고 수분섭취를 하는 것이 좋습니다. 이러한 작은 변화들이 쌓여 큰 차이를 만들어내며, 건강한 삶을 유지하는 데 중요한 역할을 합니다.
발리너스의 운동 치료법은 단순한 운동을 넘어, 몸과 마음의 조화를 추구합니다. 우리는 다양한 운동을 통해 신체의 능력을 극대화하고, 동시에 스트레스를 해소할 수 있는 방법을 찾아야 합니다.

발리너스의 운동 치료법은 인체의 유기적 연결을 깊이 이해하고 있습니다. 인체는 각 부위가 서로 밀접하게 연결되어 있기 때문에, 특정 부위의 통증, 예를 들어 귀의 통증이 있을 경우, 귀만 치료하는 것으로는 문제를 근본적으로 해결할 수 없습니다. 이는 단순한 통증 관리에 그칠 수 있습니다.

통증의 원인을 정확히 파악하고 해결하는 것은 쉽지 않은 과제입니다. 특정 부위에서 느끼는 고통은 종종 다른 부위의 문제와 연결되어 있을 수 있습니다. 예를 들어, 귀의 통증이 목이나 어깨의 긴장과 관련이 있을 수 있으며, 이러한 연관성을 간과할 경우 치료 효과는 제한적일 수 있습니다.

운동만으로 고통을 해결하려는 시도는 때때로 문제를 악화시킬 수 있습니다. 잘못된 운동이나 비효율적인 자세는 신체에 부담을 주고, 통증을 더욱 악화시킬 위험이 있습니다. 따라서 전문적인 지식과 경험을 바탕으로 한 체계적인 접근이 필요합니다. 발리너스는 이러한 점을 충분히 인지하고, 신체 상태와 개별적인 요구에 맞춘 맞춤형 치료를 제공합니다.

REVIEW

REAL LIFE STORIES

BALINESS

bes****
리뷰 1

팔로우

올해 2월달 도로에서 길을 걷다 미끄러져 넘어지면서
발목 골절과 어께를 다쳐 병원 치료후 재활중 지인으
로부터
발리너스센터를 소개 받아 치료하고 있습니다. 저에
몸 상태에 맞추어 치료하시고 쉬운 설명으로 몸의 균
형을 잡을 수 있도록 많은 도움을 주시고 계십니다.
그 무엇보다 나의 발과 손으로 움직이며 예전처럼 일
상의 생활을 할 수 있어 너무 기쁩니다.
저와 같이 재활을 해야할 상황에 있는 분들께
적극 추천하고 싶습니다.

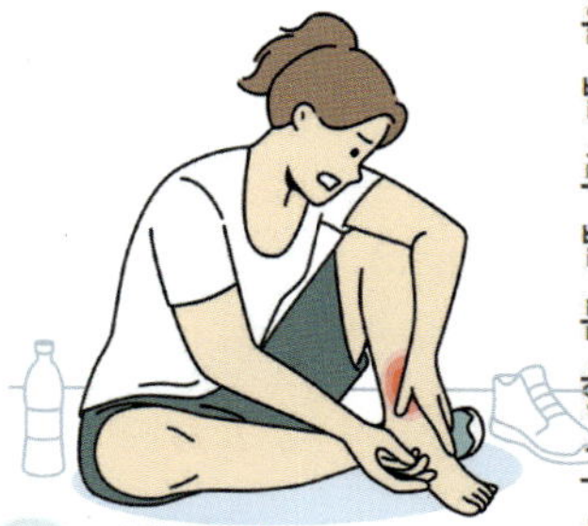

shEryl
리뷰 3 · 사진 1

★5

이사 후 몸이 붓고 너무 무거워서 찾았는데 대표님과 한 번 운동하고 정말 많이 좋아졌어요. 부종의 원인이 발바닥이 들려 제자리에 있지 않기 때문인것도, 허리가 긴 것도 처음 알았어요. 바로 티켓팅하고 시작하였는데, 저하고 정말 잘 맞는 운동을 찾은 것 같아요:) 앞으로 훨씬 더 좋아질 거란 기대감에 두근두근 합니다 ♡

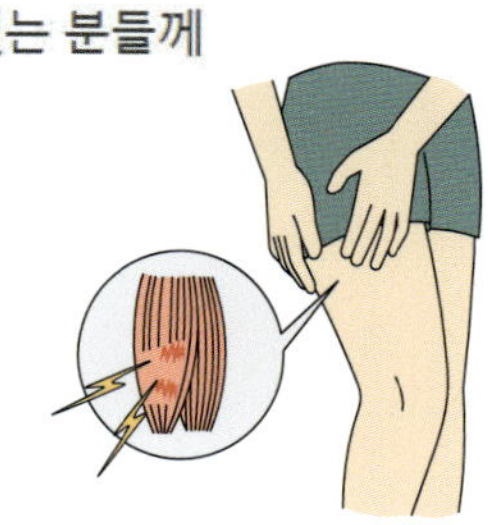

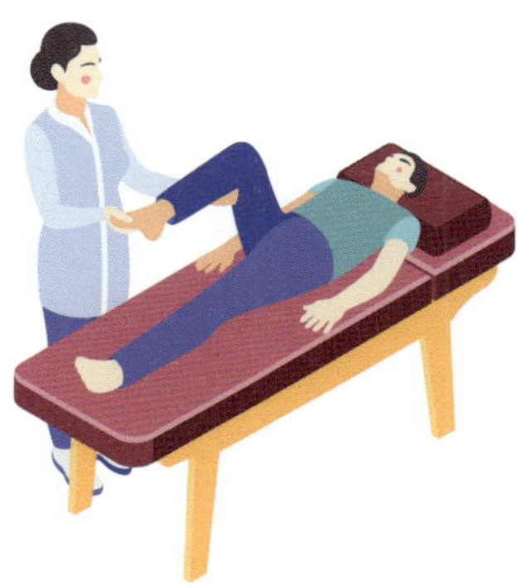

gogoyul
리뷰 6 · 사진 3

팔로우

원장님께서 제 체형의 문제점을 파악하신 후에, 신체의 발란스를 맞춰 운동할 수 있는 몸을 만드는게 우선이라 하셨고 그에 맞는 수업진행을 꼼꼼하게 진행해주셨습니다. 수업내내 함께 움직여주시며 애써주셔서 감사합니다^^ 제 몸에 대해 이해할 수 있는 시간이였으며 한번의 수업으로도 몸이 가벼워지고 유연해짐을 느낄 수 있었습니다. 앞으로의 시간이 기대됩니다!

★5

저희 아파트 앞에 생겨서 소문듣고 가봤는데 제 문제있는 부분 짚어주셔서 신기했어요. 제가 평소에 불편했던부분이 저는 제가 허리가 안좋아서 인줄 알았는데 발바닥의 각도가 무너져서 인거라는것을 알았어요. 제가 허리가 긴거도 이번에 알았답니다. 몸에 비해 종아리 근육이 짧아서 자주 쥐가났던 거래요. 확실히 생리전에 손발저림이 심했는데 부종이 확 빠졌어요. 아침에 일어나서 놀랬어요.
집앞에 있다니 너무 좋아호요

col****
리뷰 3 · 사진 1

팔로우

여기저기 몸이아파 찾아간 발리너스. 몸의 통증의 근본적인 문제들부터 접근하는 수업 방식 기대됩니다.
추천합니다!

jeonjy9168
리뷰 1
팔로우

왼쪽 무릎 연골이 수술할 수 없는 모양으로 찢겨져 걷기도 힘들고 끊이지 않는 통증에 일년 넘게 도수치료 대학병원 주사 등등 무릎을 위해 안해본 게 없다가 발리너스를 우연히 알게되어 방문하게 되었습니다
원장님께서는 제일 먼저 제 몸을 파악하시고 그에 맞게 1:1 진행을 해주셨어요 결론부터 말씀 드리자면 발리너스를 조금 더 일찍 알았다면 지난 제 고통스러운 시간이 일찍 끝났을 것이라는 겁니다
걷는 것에 대해 예민해질때로 예민해진 제가 첫 수업을 받고 걷는 게 달라짐을 느끼게 되었고, 가능한 한 계속 이곳을 계속 다니고 싶어요
사람이 오래 아프니까 어두워지기도 주눅 들기도 했는데 원장님의 따뜻한 말씀과 나을 수 있다는 확신에 저는 다시 밝아졌습니다 진심으로 감사 드리고 혹시라도 망설인다면 우선 방문해보세요

우왕굿50
리뷰 1
팔로우

포스가 다르십니다. 인간의 몸을 다각적으로 이해하기 위해 멈추지 않고 공부하시는 티가 나요!

Hxyx
리뷰 4 · 사진 1
팔로우

좋은 필라테스/운동하는곳을 찾기 힘들었는데 발리너스는 제대로 파악해서 운동하는 느낌이 나요. 오래 수업을 들었는데 확실히 자세교정도되었고 수업을 하고나면 아픈곳이 빨리 나아지는 느낌이 들어요. 잘못된 근육을 제대로 잡아서 운동하는느낌이고 제대로 봐주시기때문에 만족합니다.

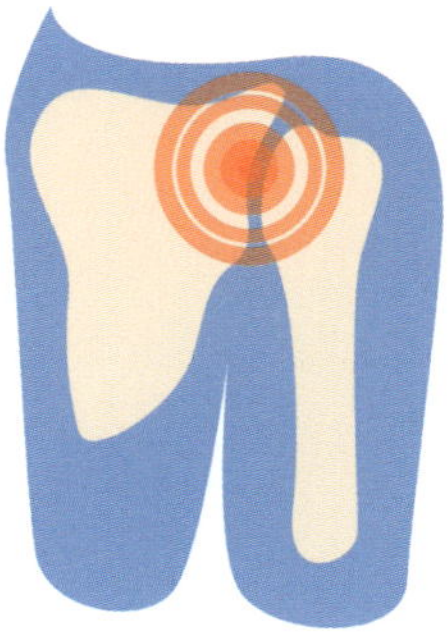

kim****
리뷰 4
팔로우

어깨통증으로 1년넘게 힘들었어요. 팔이 뒤로 돌아가지 않았었는대 발리너스 원장님의 정확한 판단과 친절한 케어를 받고 어깨가 나아져서 팔이 뒤로 돌아갈수 있게 되었어요. 전체적으로 틀어진 몸도 좌우 균형이 잡히고 굳어진 몸이 자유롭게 운동을 할수 있게 되었어요.
원장님 감사해요.

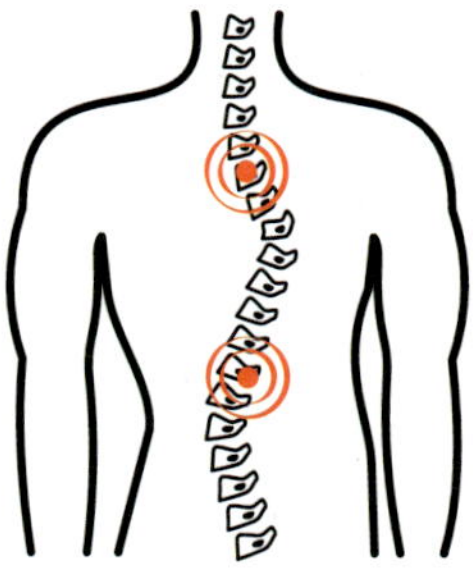

SJU

리뷰 5 · 사진 1

팔로우

필라테스 유목민이었는데 발리너스애서 데모 수업하고 티케팅했어요. 일단 원장님이 몸에 대해 넘 자세히 아시고 엄청난 경험으로 지도해주십나다. 원장님이 개발하신 슬링이란 도구가 있는데 정말 시원하고 효과적이었어요. 일단 인스타그램에 나올 거 같은 패션만 번드르르한 강사들이 없어서 신뢰가 갔어요.

Jeehyon Lee

리뷰 1

팔로우

많은 필라테스 스튜디오와 맛사지를 경험했지만 원장님 처럼 논리적으로 설명해주시는 분들은 없었는데 충분한 설명으로 내 몸을 이제야 아주조금 이해하게 되었습니다. 어깨 , 목 통증이 줄었고 몸이 가벼워졌습니다.. 다음 시간이 기대됩니다!!

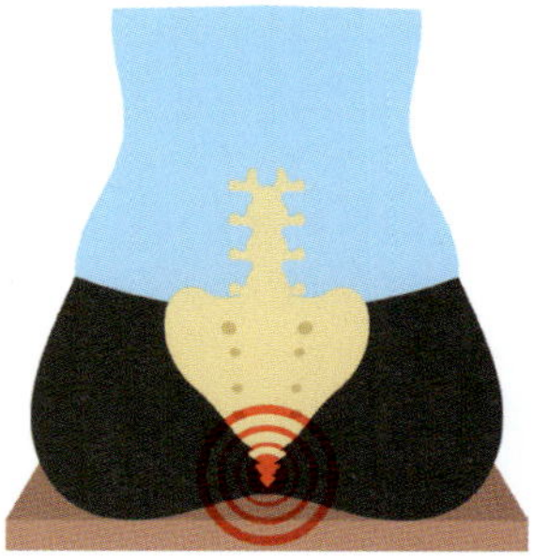

라미8624

리뷰 28 · 사진 7

팔로우

허리디스크 때문에 찾아갔어요. 그냥 대충 자세만 알려주는 곳이랑은 차원이 달라요. 어떻게 하면 몸이 풀릴 수 있는지, 몸이 좋아지는 방법을 알려주시고 정말 몸이 좋아질 수 있도록 도와주는 곳이에요. 여태 다녔던 곳은 억지로 힘든 자세를 하도록 했는데 발리너스는 그렇지 않고 제 몸이 좋아지는 자세로 수업을 하기 때문에 수업 후에 힘들지도 않고 오히려 상쾌해요!

Jeehyon Lee

리뷰 1

많은 필라테스 스튜디오와 맛사지를 경험했지만 원장님 처럼 논리적으로 설명해주시는 분들은 없었는데 충분한 설명으로 내 몸을 이제야 아주조금 이해하게 되었습니다. 어깨 , 목 통증이 줄었고 몸이 가벼워졌습니다.. 다음 시간이 기대됩니다!!

리뷰 5 · 사진 1

팔로우

아이둘 낳고 어깨며 허리며 안아픈곳이 없었는데 급기야 손가락까지 저려서 안되겠다 싶어 추천받아 간 곳이예요"" 첫날 원장님 케어 받고 눈에 보이게 어깨와 등이 내려가고 안보였던 쇄골이 보이더라구요,, 어깨뭉치으로 심했던 두통도 없어지구요. 뼈와 근육이 제자리를 찾아가니 통증 완화는 물론이고 미용적으로 예쁜 몸매가 되어가네요"" 꾸준히 받아서 건강하고 예뻐지고 싶어요+_+

원장님 친절하시고 엄청난 전문가이십니다 :) 애기 낳고 pt 하면서도 꿈쩍도 안 하던 몸무게가 올때마다 최소 1키로는 쭉쭉 내려가서 먼 길이라도 오는길이 너무 설레어요~

돌돌6871
리뷰 37 · 사진 17
팔로우

★5
고민인 허리와 목통증 부분을 말씀드리고 움직임에 들어갔어요 전과 후로 내가 스스로 느낄 수 있게끔 체크해주셨고 설명도 쉽게 재밌게 해주셔서 좋았습니다 가격대가 좀 있다 생각들수도 있지만 받아보시면 아깝지 않다는걸 느낄 수 있어요 :)

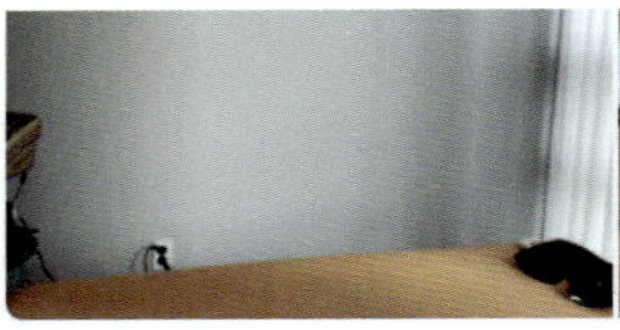

어깨통증으로 고생하다 발리선생님 만나 너무너무 좋아졌어요
팔이 자연스럽게 잘 올라가고 통증이 많이 좋아져 삶의 질이 확 높아졌네요
잘 풀어주신 선생님 강추드려요

사랑이1852
리뷰 4
팔로우

딸아이가 척추측만증이라 찾아왔어요. 워낙 잘하시기로 유명한 분이니 믿고 맡깁니다~~

운동매니아
리뷰 2
팔로우

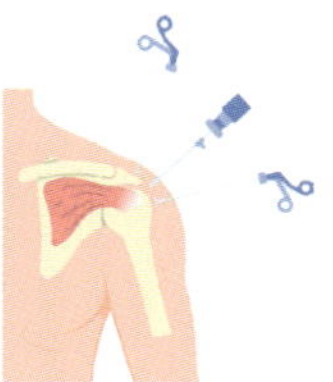

★5
원장님 강사님 다 실력 진짜 좋으시고 통증 재활 체형교정 짱이에요 어디에서도 못 배웠던 거 여기서 다 배우고 있습니다 추천추천

4everbwithu
리뷰 1
팔로우

목과 어깨가 안좋은 편이고 몸도 약한편이라 항상 운동센터 정할때 신중하게 고려하는 편인데요,

일반 필라테스와 다르게 처음에 몸을 파동으로 풀어주시고 운동효과가 잘 나타날 수 있는 상태로 만든 뒤에 개인의 체형, 잘못된 자세, 그날의 컨디션 등등을 고려해서 개인적으로 잘 잡아주세요.
원장님이 직접 풀어주시는 곳은 잘 없거든요, 가장 큰 장점일 듯 싶어요.

막상 수업 시작하면 물흐르듯하는 데 사실상 원장님께서 아픈 부위, 잘못된 부위 등을 다 파악하고 맞춤운동을 살맞대고 하는 거라 운동 후에 항상 개운하고 잘왔다~ 생각하게 된답니당!

동작하나하나도 일반필라와는 많이 달라요, 원장님 자체 개발이 많아서 이건 직접 체험을 해보셔야 알 것 같아요:)
차별화된 교정을 접하시고 싶은 분들께 추천드려요!

yoo****
리뷰 16 · 사진 3
팔로우

★5
체형이 너무안좋아져서 수소문끝에 방문하게되었습니다!! 첫방문인데 몸붓기도 빠지고 바로효과가나타나서 깜짝놀랐어요!! 꾸준히가 중요해서 바로 12회끊었습니다" 열심히 해서 바른몸 예쁜몸 만들어 올여름 예쁘게다닐꺼에요><

아아아아아75
리뷰 1
팔로우

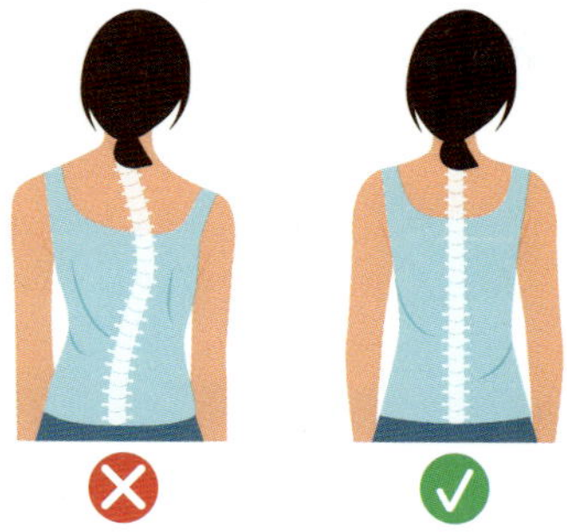

다리 저림, 수족냉증, 잘못된 자세 때문에 어깨와 허리 통증이 너무 심했는데 대표님 덕분에 몇번 수업만으로도 이 증상들이 많이 좋아졌어요. 수업중에도, 수업 이후에도 계속 혼자 쉽게 할수 있는 운동들도 알려주셨어요!! 수업중에도 친절하고 세심하게 설명해주셔서 너무 감사합니다 ㅠㅠ꾸준히 운동을 해도 좋아지지 않았는데 수업 몇번만으로도 몸이 훨씬 가벼워지고 손발이 너무 따듯해졌어요. 일시적인 변화가 아니라 체격 자체가 바뀐것 같아요.

멍은하
리뷰 1
팔로우

김진희 원장 선생님 내공이 장난 아닙니다. 저 병원 다섯 군데 가서도 못 고친 팔목 통증, 3-4번 집중 케어 받고 오늘 오랜만에 정상 컨디션 찾았어요. 원장님의 감각과 경력은 대체불가능이고 현장 환경이나 프로그램이 유연해서 좋아요. 저는 30분 바디 구조 다잡는 슬링 + 기구 이용한 운동 받고 있는데 매우 적당하고 효과적입니다. 여기 때문에 용산으로 이사오고 싶어요. 단언컨대 병원 물리치료, 한의원 침, 한약 , 도수치료 다 이겼습니다.

몇년째 함께하고 있습니다 시설도 너무 좋고 무엇보다 강사선생님이 넘 좋아요 전문성이 느껴지고 맞춤케어 해주세요. 고질병인 허리디스크도 여기에서 운동하며 케어받아 많이 좋아졌어요!!

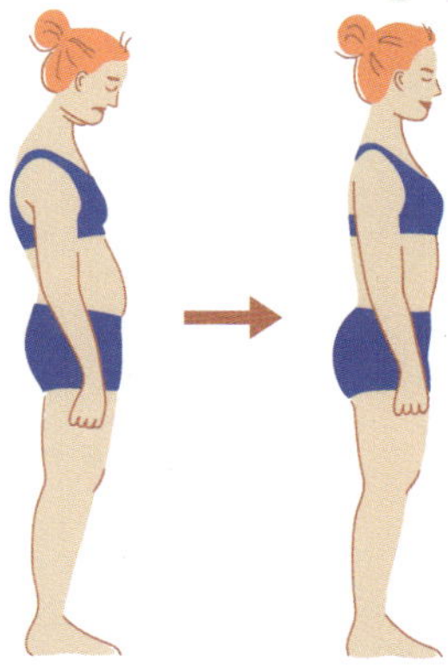

jene13
리뷰 3
팔로우

PT는 기본, 요가, 필라테스, 자이로토닉, SNPE, 펠든크라이스, 스트레치뱅등등 다양하게 해봤지만, 드디어 인생 테라피, 인생운동 만났습니다!

알로하E
리뷰 6 · 사진 1
팔로우

여기저기 아픈데가 많고 몸이 너무 무거웠는데
한번으로도 몸이 엄청 가벼워지고
아픈데가 많이 나아졌습니다
앞으로 얼마나 더 좋아질지 기대가됩니다

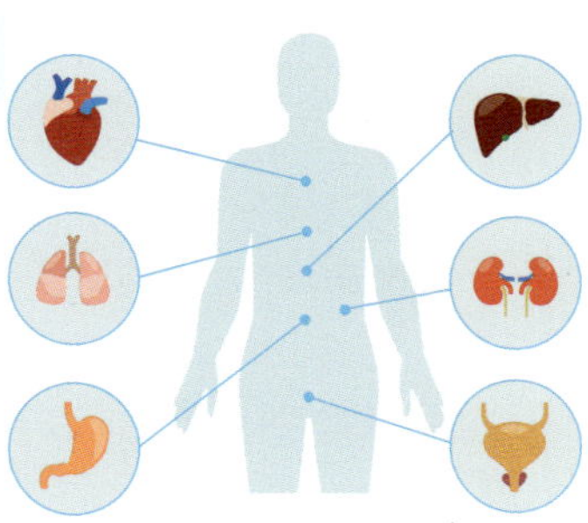

Q&A
EXPERIENCES
BALINESS

성형외과 원장님

Q 마사지와 발리너스의 차이점은 뭔가요?

저도 사실은 병원에서 수술을 많이 하는 의사다 보니까, 마사지를 아주 좋아해요. 옛날부터 마사지를 많이 받았고 또 마사지를 받아서 효과를 보기도 했어요. 그런데 마사지는 그게 주무르고 하는 행위에서 내 근육이 굳어진 게 좀 풀리긴 하지만 그게 내 운동의 범위가 늘어나는 건 아니더라구요. 풀고 다시 쪼라들고 풀고 쪼그라들고, 그런데 이거를 풀고 푸는 근육이 가동 범위가 넓어지도록 하는 게 없다 보니까, 마사지 치료는 단기적으로 되게 좋은데 아무리 장기적으로 받아도 몸이 자꾸 쪼그라든다는 거죠.

발리너스는 처음에 받았을 때 마사지처럼 시원하진 않아요. 몸이 개운하고 뭔가 힐링되는 이런 느낌은 아니지만, 약간 힘든 점도 있고 그런 점도 있어요. 그런데 내 가동 범위가 넓어지니까. 내가 운동을 한다든지 테니스를 친다든지 뭘 할 때 훨씬 더 내가 몸이 더 편하게 움직이고 나의 가동 범위가 넓어진다는 것이 차이점 이라고 할 수 있겠어요.

Q 병원에서 받는 치료와 발리너스를 받는 운동치료와의 차이점은 무엇인가요?

병원에서 치료도 장점이 있어요. 일단 통증을 다이렉트로 해결해 줘요. 그게 가장 큰 장점이에요. 그런데 통증이 나아도 내가 같은 운동을 또 같은 행위를 계속하다 보면, 몸이 다음에 더 나빠져 있어서 주사를 더 세게 맞거나 여러 군데 맞아야 되는 그런 문제가 있더라고요.

발리너스의 치료는 처음에 통증 감소성은 주사 통증보다는 훨씬 떨어져요. 의사 선생님한테 주사 맞으면 바로 안 아파요. 그런데 계속 똑같은 행위를 하다 보면, 몸이 더 망가지는 거고. 발리너스의 통증 감소 효과는 초반에는 훨씬 의사의 치료보다는 적거나, 어찌 보면 다른 데 통증이 약간 생기기도 했어요. 왜냐하면, 이쪽이 좋아지니까 이쪽이 조금 더 생기고. 그런데 장기적으로는 이게 몸이 더 좋아지는 방향으로 가요. 원인이 개선되기 때문에 그게 차이점이라는 생각이 들어요.

Q 필라테스와 발리너스의 다른 점은 무엇인가요?

저도 몸을 좋게 하기 위해서 필라테스를 많이 했는데 일단 필라테스는 재미가 없어요. 왜냐하면, 거기는 독일에서 개발한 원래 발음이 필라리스죠. 필라리스는 아주 체계적으로 잘 만든 과학적인 운동임에 틀림이 없는데 그것을 너무 룰만 지키다 보니까, 받는 사람이 너무 재미도 없고, 자주 이 동작이 틀렸네 저 동작이 틀렸네 하니까 받는 순간 제가 자존감이 올라가지는 못했어요.

근데 발리너스는 아주 접근하는 방법이 유연해요. 왜냐하면, 그게 좋아지는 원칙을 강조하지, 거기에 대한 세부사항을 강조하진 않더라고요. 그래서 좀 필라테스 보다는 딱딱하지 않고 ,내가 몸이 좋아지는 과정을 좀더 접근하기 기분 좋게 할 수 있다는 것이 차이점인 것 같아요.

Q 발리너스 어떤 효과를 보셨나요?

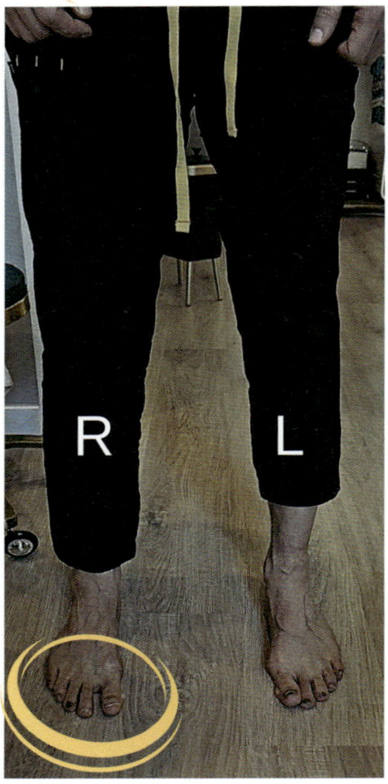

뭐, 많은 효과를 봤죠. 사실은 수술할 때 몸이 훨씬 더 편하기도 하고, 예전에는 수술을 장기간 하는 수술을 제가 보통 한 5시간씩 하는데 그게 두 개 정도 하면 몸이 너무 피곤했어요. 그런데 이제 이거 하고 나서는 두 개를 했을 때 피곤 한게 없고, 세 네 개를 해도 몸의 느낌이 좀 괜찮은 그런 느낌이 들었고, 굳이 좀 예를 들자면, 제가 무지 외반증이 있었어요. 무지 외반증 엄지발가락이 이렇게 휘어지는 건데 근데 이제 발리너스에서 한쪽의 무지 외반증을 저렇게 발란스를 맞춰줬는데 뭐 골반, 무릎, 허리 이렇게 맞추니까 뭐 발목까지 오른쪽에 무지 외반증이 좋아졌어요.

왼쪽은 아직 안 받은 상태고, 아마 이 발을 보시면, 좀 느껴지지 않을까 싶어서 제가 발을 한번 보여드릴게요. 오른쪽은 발리너스에서 발란스 있게 발목 무릎 골반을 맞춘 거고요. 왼쪽은 아직 들어가지 않은 상황이에요. 들어가고 있는 상황 같습니다. 그래서 이제 오른쪽은 무지의 아직 많이 좋아져서 걸을 때도 좀 많이 발란스 있게 누르는 힘이 들고 왼쪽은 아직 걸을 때 엉뚱하게 좀 힘이 전달된다.
그러나 그런 느낌이 좀 드는 상황이에요.

Q 병원에서 받는 치료와 발리너스를 받는 운동치료와의 차이점은 무엇인가요?

발리너스와 병원은 서로 다른 역할을 수행하기에, 정확한 비유는 어렵겠지만, 병원은 급박한 상황에서 응급 조치를 취하여 즉각적으로 도움을 줄 수 있는 반면, 발리너스는 천천히 단계별로 몸에 부담이 가지 않도록 적절한 치료를 제공하며 용기를 심어줍니다. 마음과 몸이 지친 나에게 발리너스는 하느님이 내게 주신 특별한 선물과 같습니다.

금융업

Q 필라테스와 발리너스의 다른 점은 무엇인가요?

필라테스를 배우지 않았습니다.

Q 발리너스 어떤 효과를 보셨나요?

주 5일 발리너스를 다니며 살고 있습니다. 일단 건강한 삶을 위해 선택한 것이지요. 이전에는 통증으로 인한 삶의 질이 매우 나빴습니다. 골절된 다리와 어깨로 인해 누워 있는 것도 어려웠고, 무릎을 꿇은 상태로 앉아있는 것이 제 소원이었는 데, 이 소원이 이루어져서 기쁩니다. 발리너스를 시작하면서 근육량이 늘어났고, 슬링을 통해 체중 감량에도 성과를 보았습니다. 몸 상태가 매우 좋아졌습니다.

Q 마사지와 발리너스의 차이점은 뭔가요?

마사지는 그 당시에만 시원하게 느껴지며, 잘못된 방법으로 수행하면 며칠간의 고통을 수반할 수 있습니다. 그러나 발리너스는 제 몸 상태를 사전에 파악하여 아픔의 원인을 찾아 개선해주기 때문에 장기적으로 몸 상태가 좋아지는 것 같습니다.

Q 병원에서 받는 치료와 발리너스를 받는 운동치료와의 차이점은 무엇인가요?

병원은 통증 부위에 주사나 약 등으로 즉시 통증은 줄여주지만 시간이 지나면 또 같은 부위에 통증이 생겨 주사나 약의 양이 늘어나는 경우가 반복되지만 발리너스는 통증의 원인이 되는 근육 불균형, 관절의 불균형, 신경의 압박 등을 찾아내고 그 부위를 치료해주는 방법으로 통증의 원인을 제거하면, 약이나 주사를 계속해서 사용하는 것보다 장기적으로 더 효과적인 것 같습니다.

Q 필라테스와 발리너스와의 다른 점은 무엇인가요?

발리너스를 배우기 전, 필라테스를 2년간 배웠습니다. 필라테스는 주로 체형교정을 위한 운동이지만, 발리너스는 우선 슬링을 사용하여 몸 상태를 최적의 조건으로 만든 후, 더욱 디테일하게 교정해주는 운동입니다. 이러한 차이점이 발리너스와 다른 운동들과 구별되는 점입니다.

푸드업체대표

Q 발리너스 어떤 효과를 보셨나요?

과중한 업무 및 갱년기 증상으로 인한 불면증으로 고생하며, 머리와 목 어깨가 아파 베개 7-8개를 교체해도 효과가 없었습니다. 일어나면 온몸이 아프기도 했죠. 그러나 발리너스에 입문하고 1개월이 지난 후부터는 불면증이 사라졌습니다. 어깨도 가벼워지고, 뒷목의 통증도 없어졌습니다. 또한 승모근도 많이 내려갔습니다. 가장 좋은 점은 이제 숙면을 취할 수 있어 몸이 가벼워지고 기분 좋은 하루를 시작할 수 있다는 것입니다.

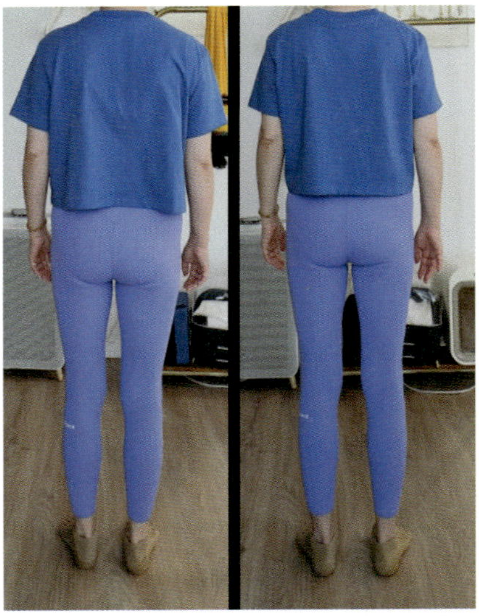

전 후

Body Contouring

체형 분석 방법은 매우 다양하며, 발리너스 에서는 이러한 분석에 대한 상대적인 중요성을 낮추고 있습니다. 다양한 분석 기법은 개인의 신체적 특성과 운동 목표에 따라 달라질 수 있으며, 이는 맞춤형 접근을 가능하게 합니다.

체형 분석은 운동 처방 및 재활 프로그램의 필수 요소로, 각 방법은 정확한 평가를 통해 이루어질 수 있으며, 최적의 신체 기능을 향상시키는 데 중요한 역할을 합니다.

골반의 경사는 두 가지 유형으로 나뉘어집니다.
전방경사: 골반이 앞쪽으로 기울어지는 상태.
후방경사: 골반이 뒤쪽으로 기울어지는 상태.
이러한 경사는 체형과 운동 능력에 영향을 미칠 수 있으며 골반의 경사를 이해하는 것은 체형 분석의 중요한 요소입니다.
적절한 경사 유형을 파악하는 것은 운동 프로그램을 설계하는 데 필수적입니다.

발목의 회전 방향
발목의 회전 방향은 두 가지로 구분
내번: 발목이 안쪽으로 회전하는 상태.
외번: 발목이 바깥쪽으로 회전하는 상태.
발목의 회전 방향은 운동 수행 및 부상 예방에 중요한 역할을 하며 발목의 상태를 분석하는 것은 체형 분석의 또 다른 중요한 측면으로 봅니다.
올바른 발목 회전 방향을 이해하는 것은 운동 프로그램의 효과성을 높이는 데 기여할 수 있습니다.

당신의 몸은 당신의 가장 소중한 자산입니다.
올바른 방법을 선택하는 것은 건강과 행복의 시작입니다.
다음날의 컨디션이 바로 그 선택의 답이 될 것입니다.

당신은 어떤 체형인가요?

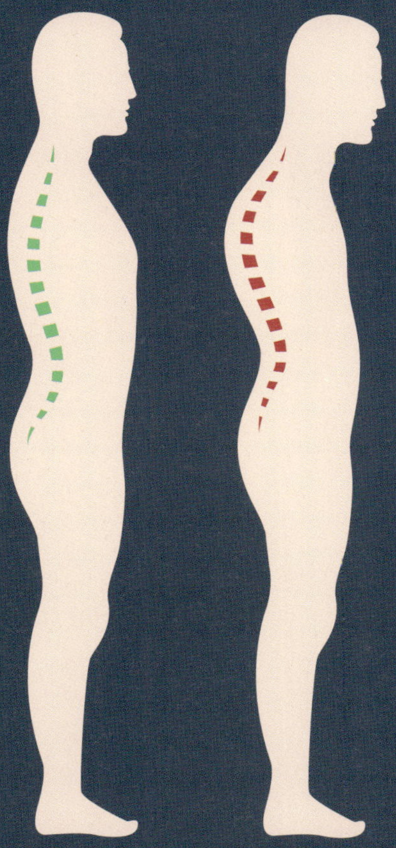

체형교정

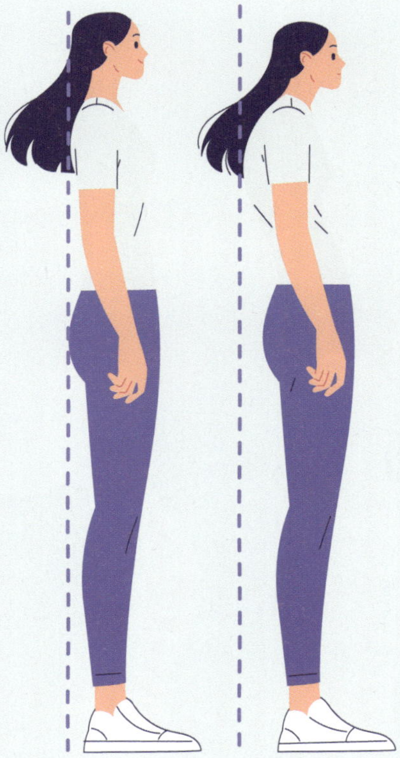

바른 자세의 기준

바른 자세는 발목, 무릎, 고관절, 골반, 어깨, 귀가 수직선 상에 정렬되어 있어야 한다.

바른 자세 정의

바른 자세는 옆모습에서 발목의 중심과 복숭아뼈, 무릎, 고관절, 골반, 어깨, 귀가 같은 수직선 상에 위치하는 것이다.

정렬 상태: 이상적인 정렬 상태는 각 신체 부위가 수직 선상에 정렬되어 있어야 함을 의미한다.

통증의 원인: 통증이 있는 환자들은 목이 앞으로 돌출되거나, 허리와 골반의 정렬이 불안정한 경우가 많다.

체형 불균형: 체형 불균형은 통증과 기능 장애를 유발 할 수 있다.

정렬 상태 확인하기

벽을 이용한 연습: 벽에 몸을 놓고 서서 바른 정렬 상태를 확인하는 방법을 제안한다.

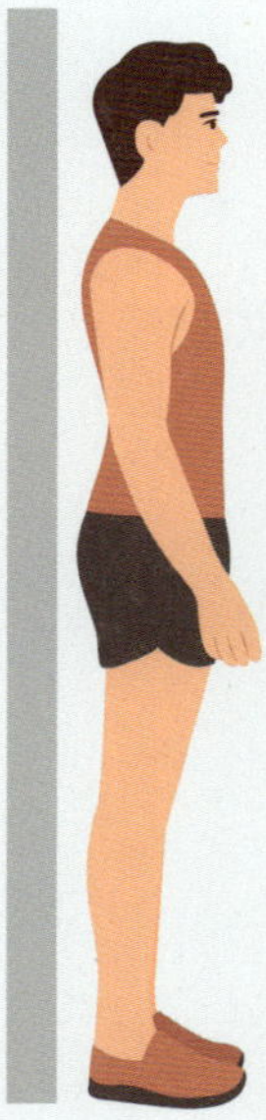

정렬 상태의 기준: 발목에서 부터 머리까지 수직선이 유지되어야 하며, 허리와 목의 곡선도 중요하다.
정렬 상태의 확인: 머리, 어깨, 골반이 벽에 닿아 있는지를 확인해야 한다.

거북목과 허리 문제
거북목의 증상: 거북목이 있는 경우, 머리가 앞으로 돌출되어 있는 상태가 된다.
등의 정렬 문제: 등이 구부정한 경우, 머리와 골반이 벽에서 떨어질 수 있다.

정상적인 허리 뼈 정렬
허리의 곡선: 정상적인 허리 뼈의 정렬 상태는 앞쪽으로 약간 볼록한 곡선이 있어야 한다.

허리의 정렬 확인: 허리와 벽 사이에 손바닥이 들어갈 수 있는 공간이 있어야 한다.

골반과 허리의 정렬
골반의 기울기: 골반이 뒤로 기울어진 경우, 허리 뒤에 공간이 생기지 않는다.

BODY CORRECTION

BODY MEASUREMENT

한 번의 경험만으로도
변화된 내 몸을 느낄 수
있습니다.

1회 경험

BEFORE

AFTER

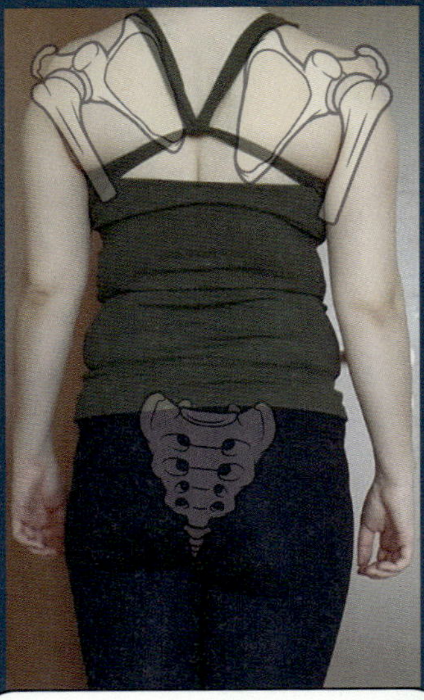
BEFORE

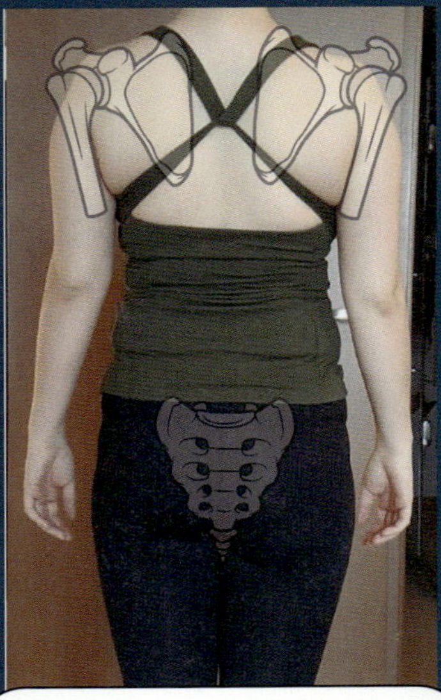
AFTER

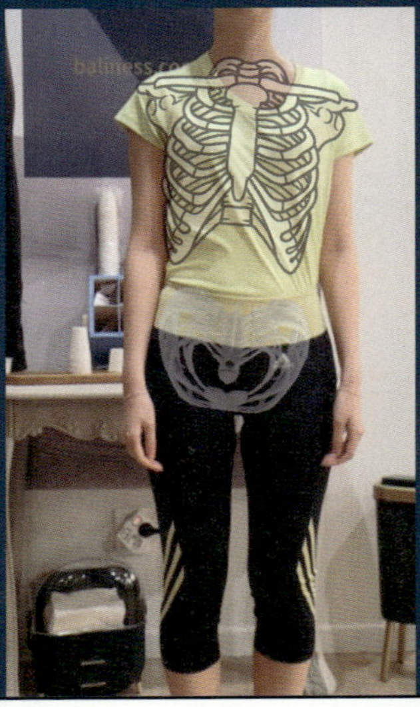
BEFORE

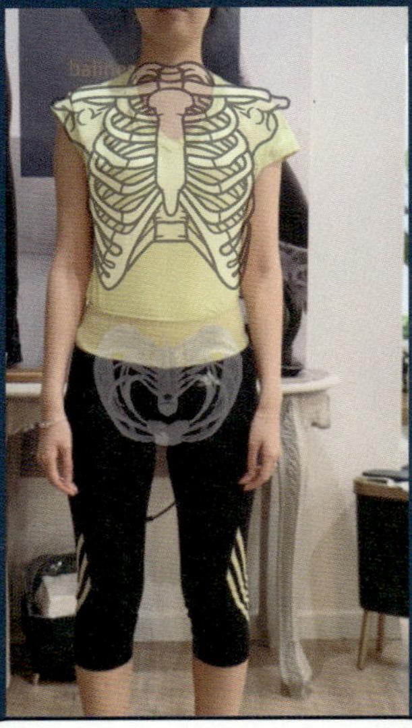
AFTER

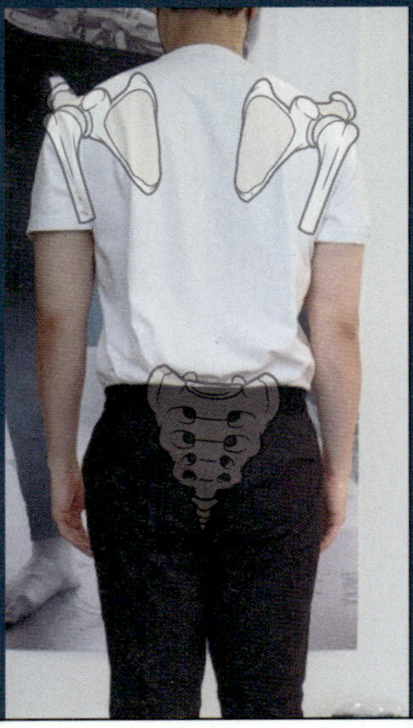
BEFORE

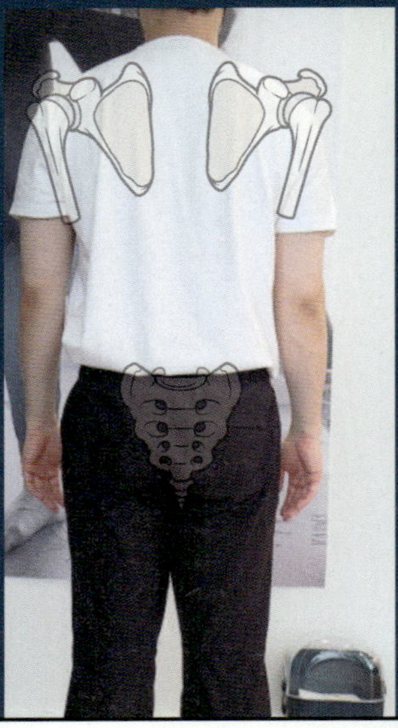
AFTER

BALINESS

1회 경험

BEFORE

AFTER

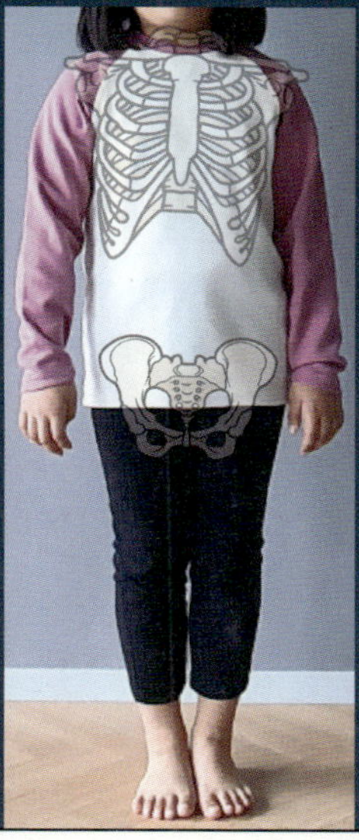

BEFORE

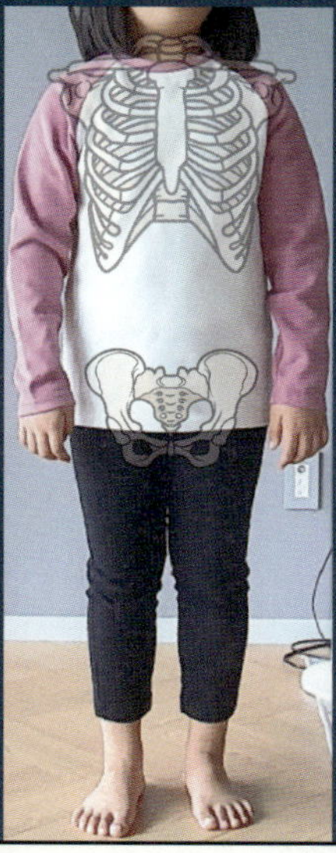

AFTER

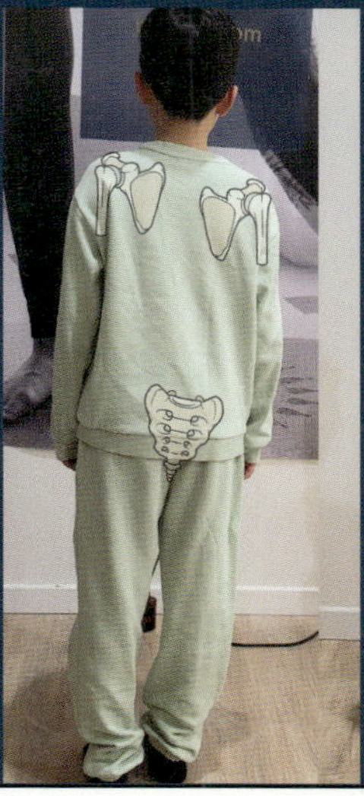

BEFORE

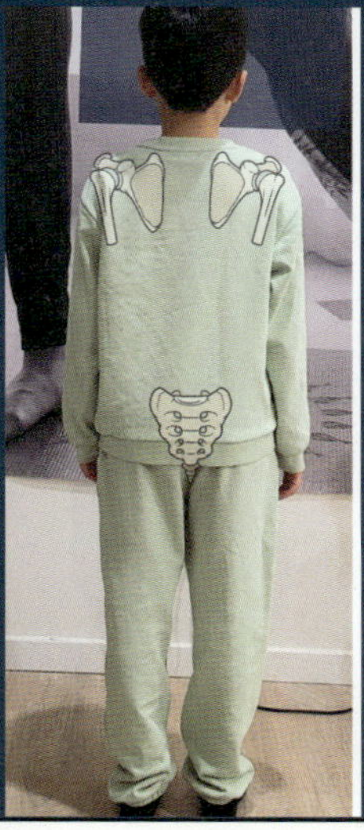

AFTER

BEFORE

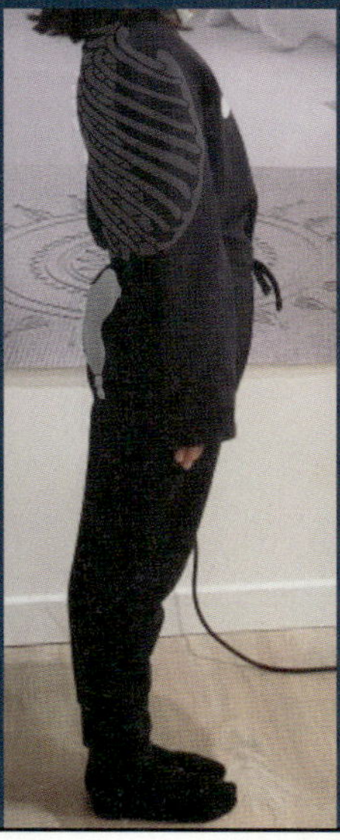

AFTER

BALINESS

1회 경험

BEFORE

AFTER

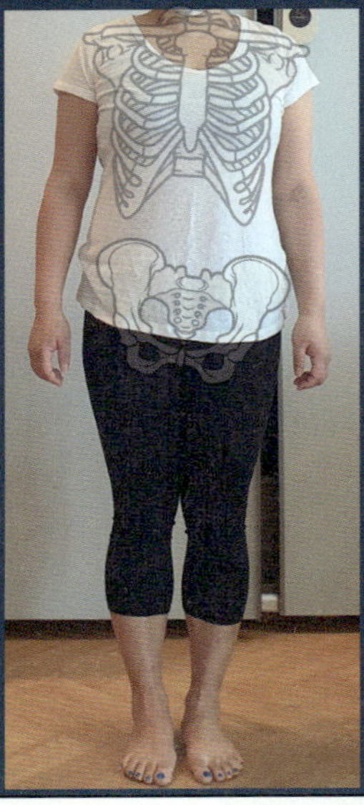

BEFORE

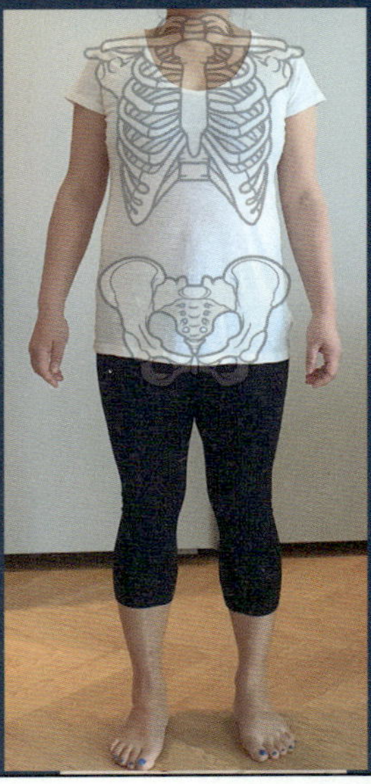

AFTER

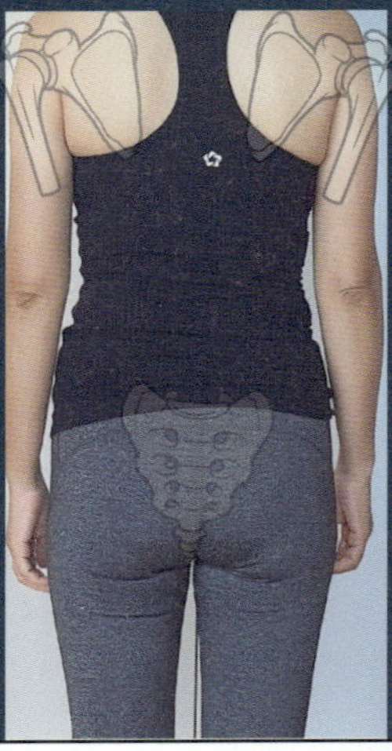

BEFORE

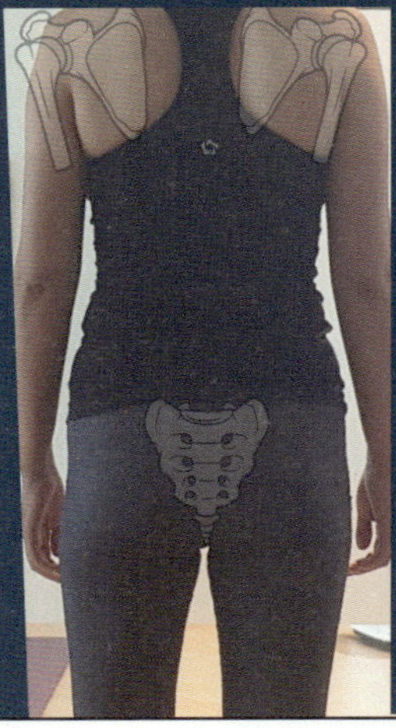

AFTER

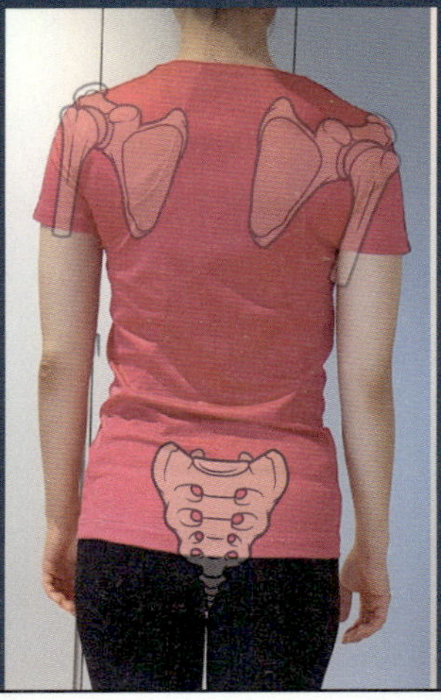

BEFORE

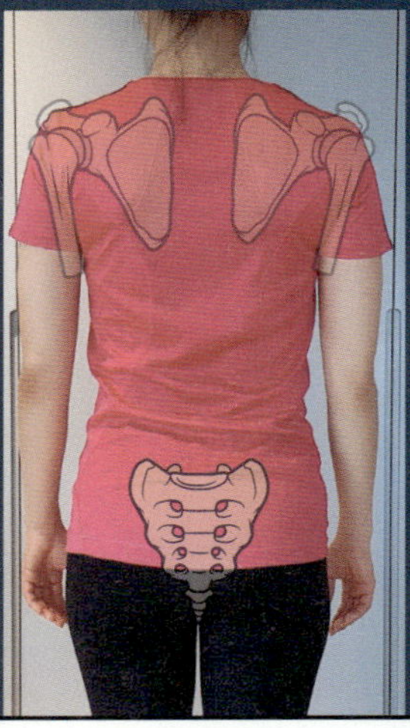

AFTER

BALINESS

1회 경험

BEFORE

AFTER

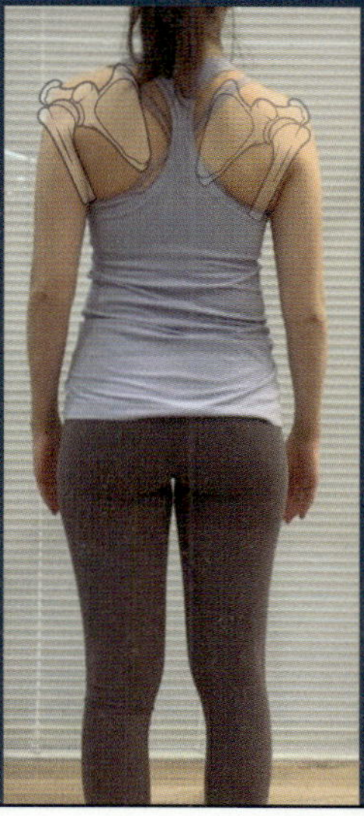

BEFORE

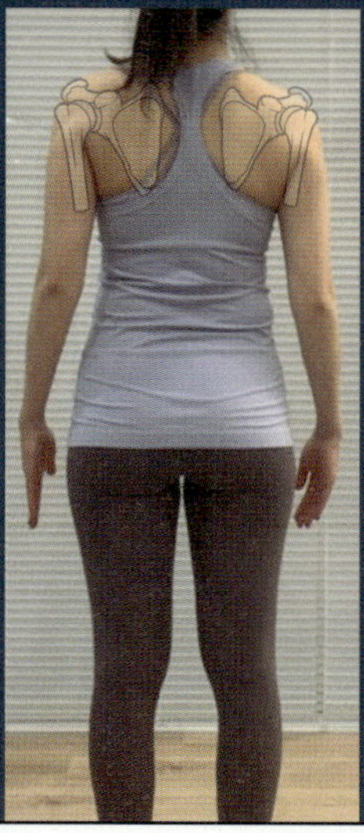

AFTER

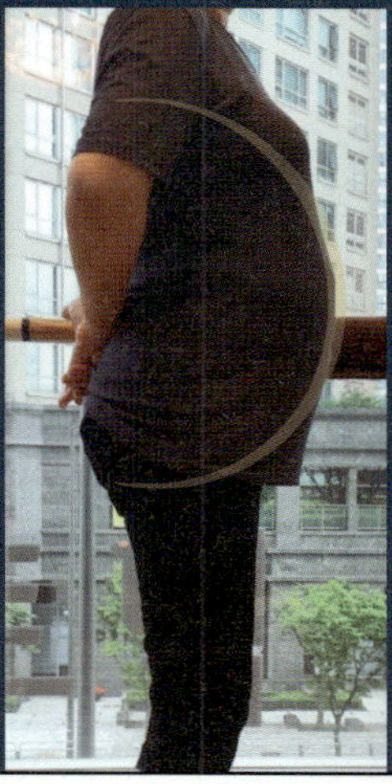

BEFORE

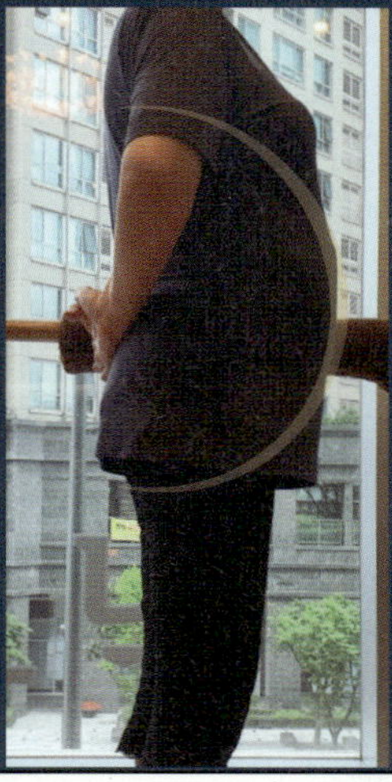

AFTER

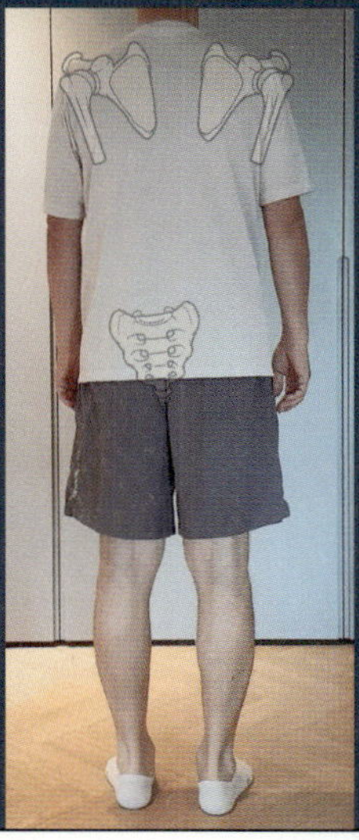

BEFORE

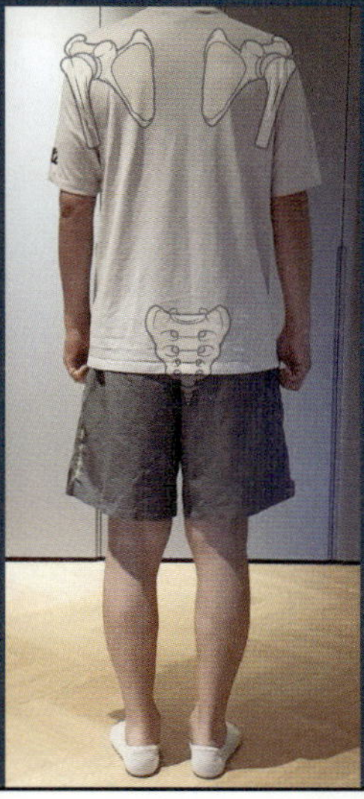

AFTER

BALINESS

1회 경험

BEFORE

AFTER

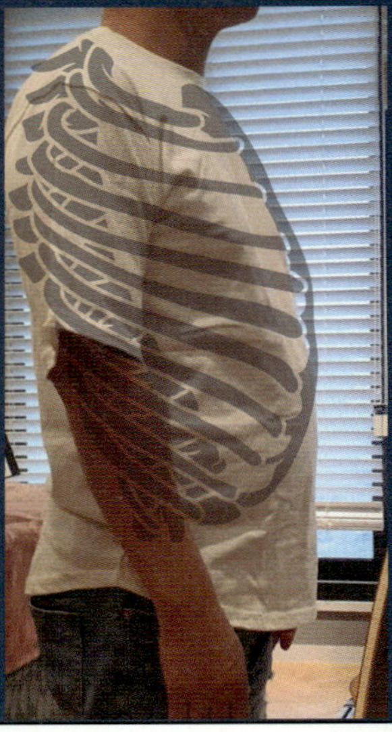

BEFORE

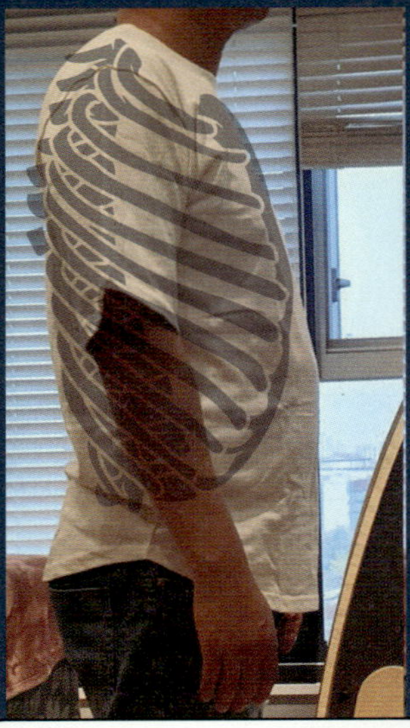

AFTER

BEFORE

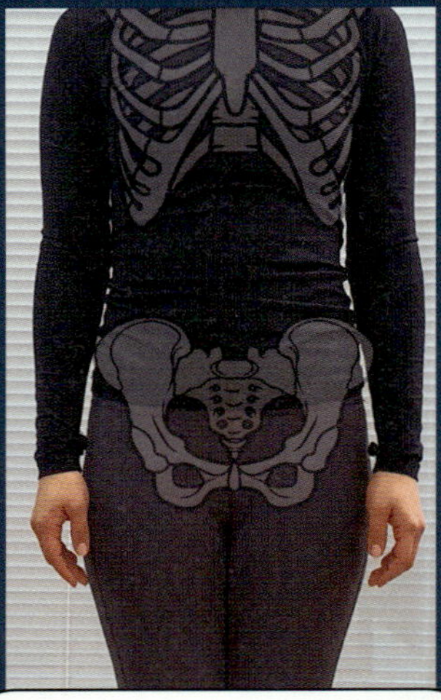

AFTER

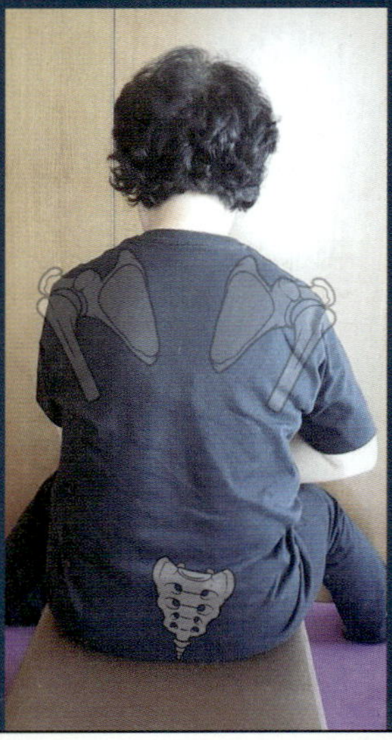

BEFORE

AFTER

BALINESS

1회 경험

BEFORE

AFTER

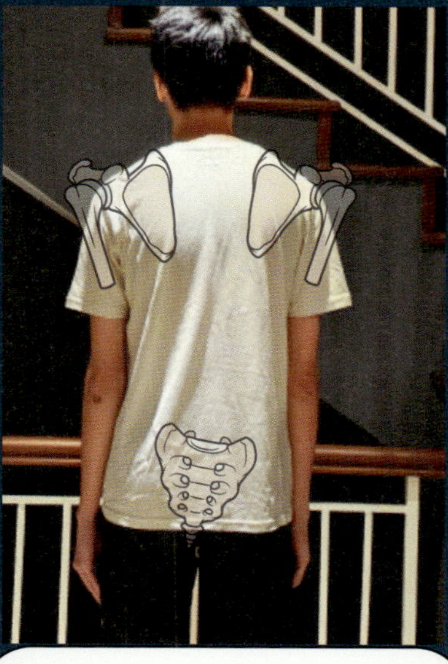

BEFORE

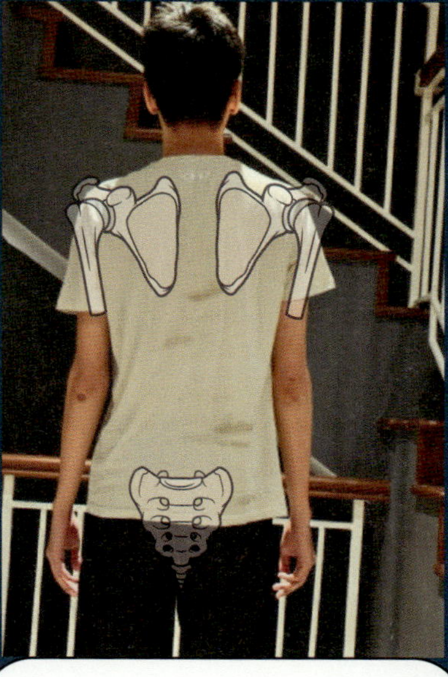

AFTER

BEFORE

AFTER

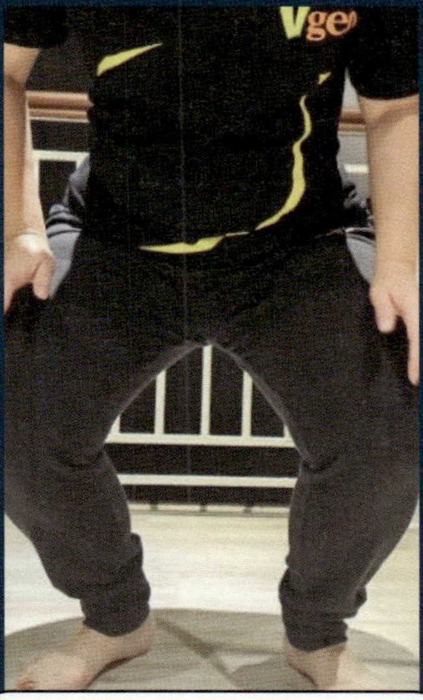

BEFORE

AFTER

BALINESS

baliness

"더 나은 세상을 만들어가는 발리너스의 리더들"

ACADEMY
INSTRUCTOR

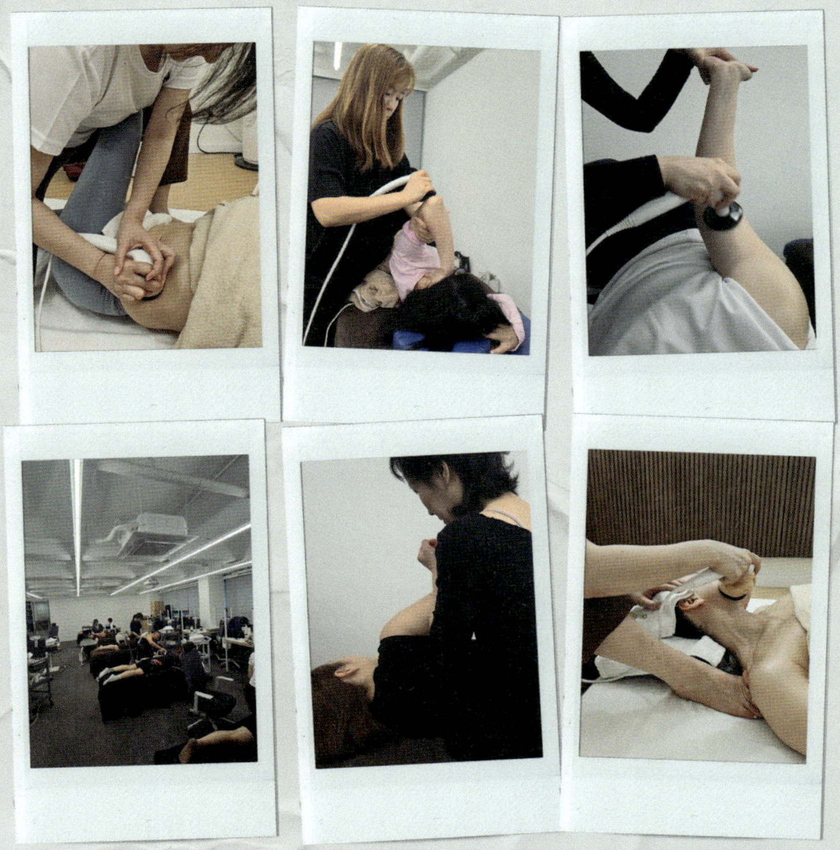

고주파 통증 케어 지도자과정

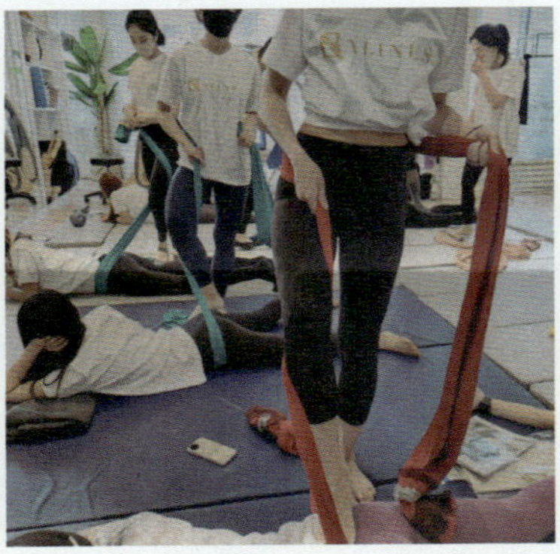
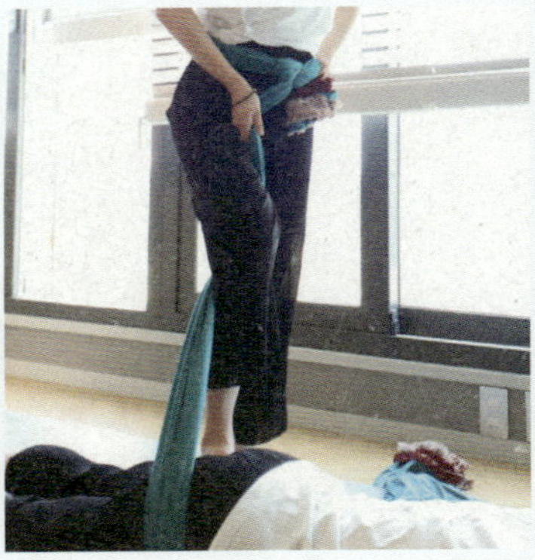

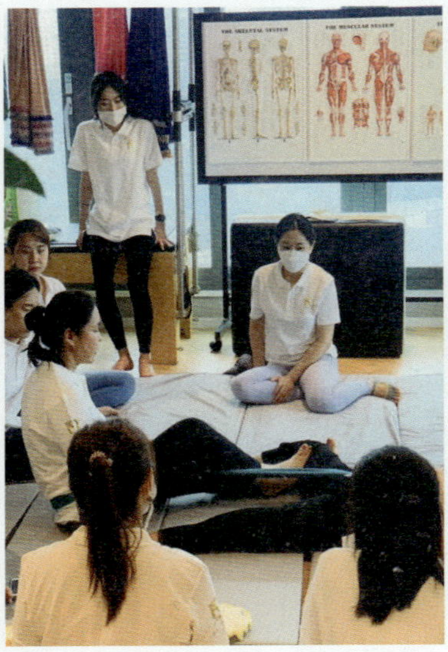

WORKSHOPS

26년간의 실무 경험을
바탕으로 개발된
리드미컬한 움직임은
자연스러운
발디딤으로 양 발을 모두
사용하며 지도자의
컨디션에도 긍정적인
효과를 가져옵니다.

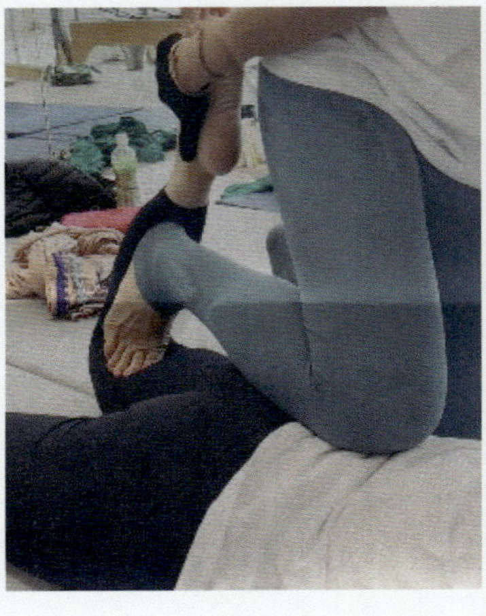
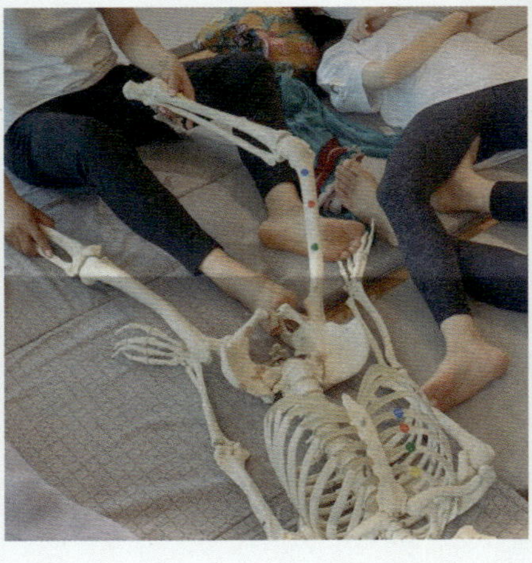
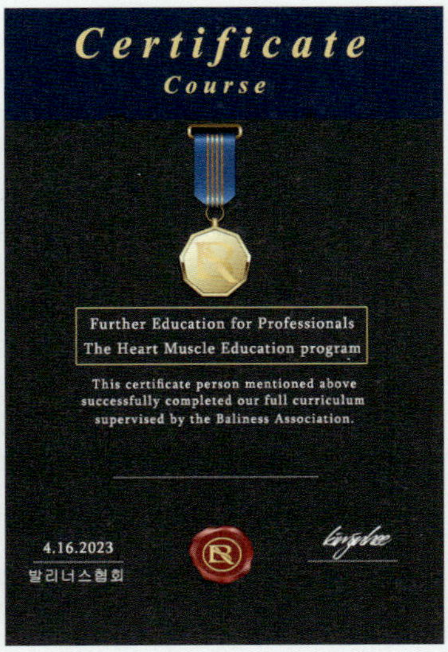

TEACHER PRIDE

발리너스 교육은 발리너스 협회에서 인증을 받은 강사들이 자부심을 가지고 진행합니다.
발리너스 협회의 주요 목표는 졸업생들이 안전하고 자신감 있게, 생산적이며 성공적인 발리너스 실무자로 성장할 수 있도록 지원하는 것입니다.

교육 과정은 안전하고 긍정적인 최신 프로그램으로 정기적으로 검토 및 업데이트 되며, 실무에 즉시 적용할 수 있는 다양한 기술과 지식을 제공합니다.

어디에서든 발리너스 교육을 활용하여 경력을 한 단계 끌어올릴 수 있으며, 전문적인 교육 센터로서 여러분의 성장과 발전을 적극 지원합니다.
여러분의 미래를 밝히는 발리너스 교육에 참여해 보세요.

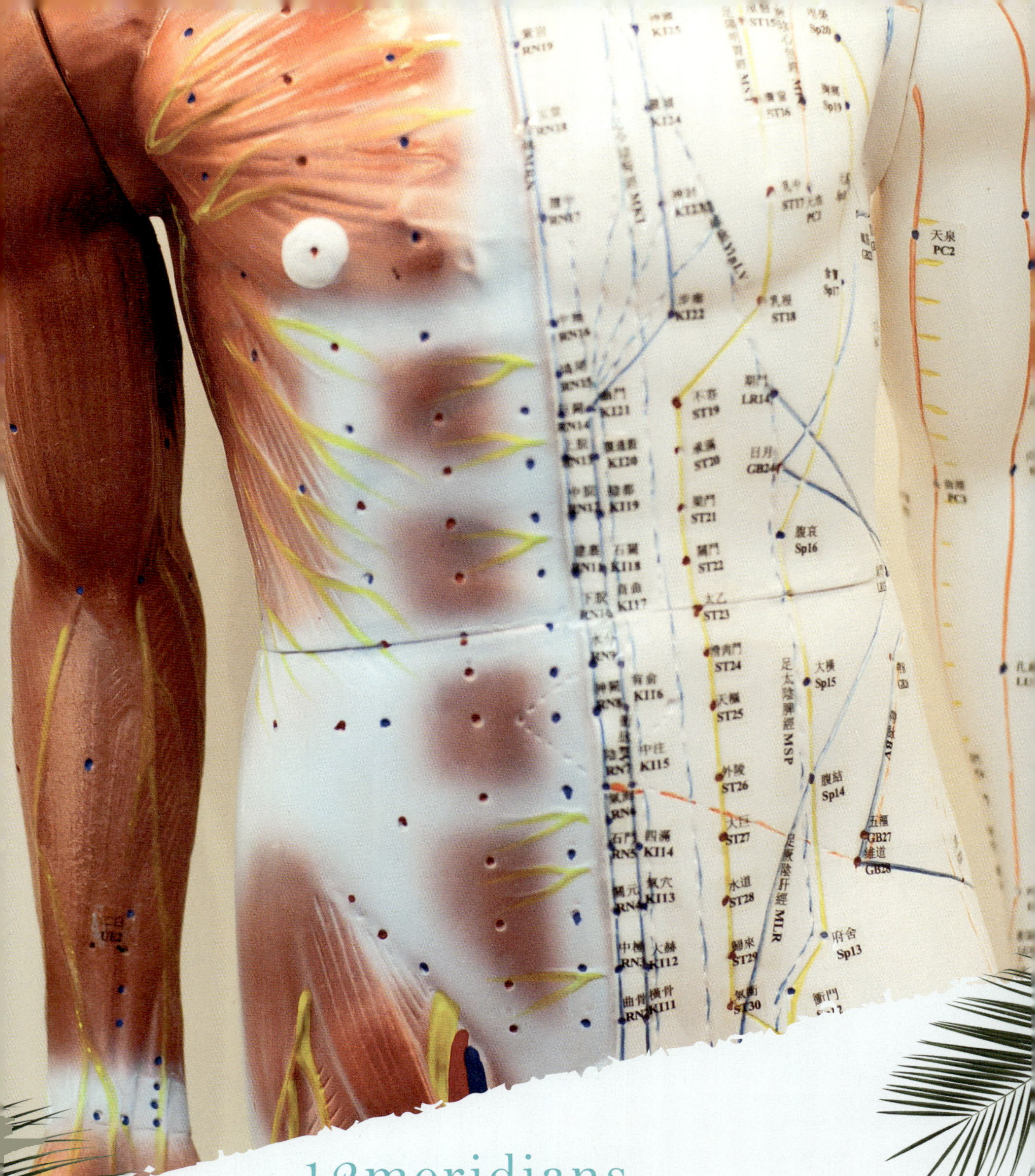

12meridians

- 수태음폐경
- 수양명대장경
- 족양명위경
- 족태음비경
- 수소음심경
- 수태양소장경
- 족태양방광경
- 족소음신경
- 수궐음심포경
- 수소양삼초경
- 족소양담경
- 족궐음간경

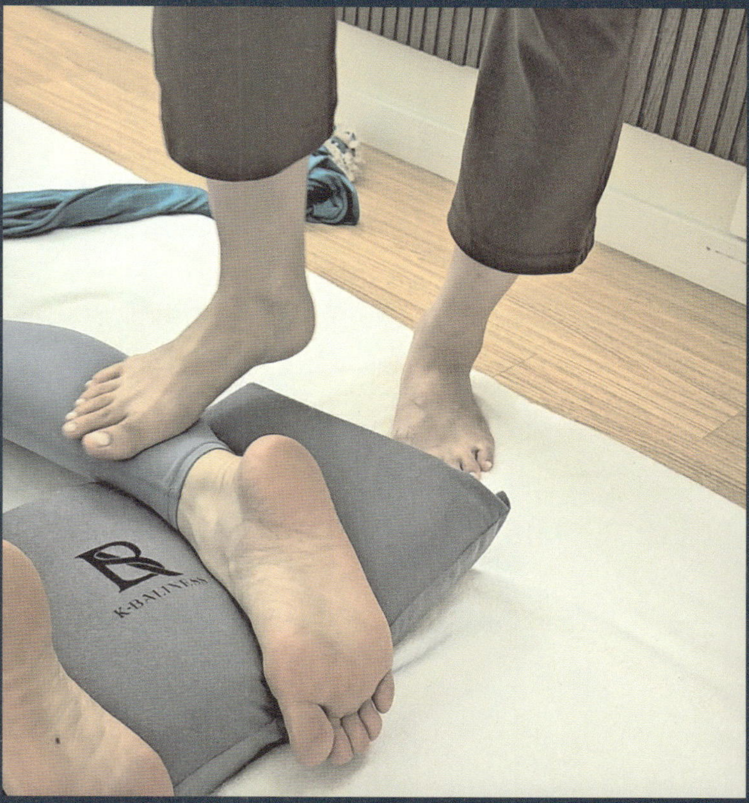

MERIDIAN

자오선 포인트(지압점)

자오선 POINTS는 고대의 지혜와 발리너스 기술을 융합하여 개인 맞춤형치유 솔루션을 제공한다. 각 포인트를 개별적으로 자극하는 전통적인 접근방식에서 벗어나, 상호 연결된 파동의 흐름을 통해 전체적인 긍정적 자극을 제공한다. 이러한 통합적 접근은 신체와 정신의 조화를 이루고, 전반적인 웰빙을 증진시키는 데 기여한다.

자오선을 자극함으로써 음양의 균형을 조절하고, 자오선을 막고 있는 요소들을 제거하여 기의 순환과 유연성을 증진시킨다. 이러한 과정은 신체의 에너지 흐름을 원활하게 하고, 전반적인 건강과 기능성을 향상시키는 데 중요한 역할을 한다. 이를 통해 몸과 마음의 조화를 이루어 보다 최적의 웰빙 상태를 추구할 수 있다.

포인트 이점

이 지점은 몸 전체의 기(氣)와 혈액(血)의 흐름을 조절하는 경락에 위치하며, 기와 혈액의 균형은 신체 건강에 필수적이다. 이 지점의 자극은 다양한 건강 문제, 특히 스트레스, 불안, 우울감 등 정서적 웰빙을 개선하는 데 효과적이다.
또한, 신체의 기능적 조화를 촉진하고 에너지 수준을 향상시켜 건강한 삶의 기초를 마련한다. 이러한 이유로, 이 지점은 전통 치료법과 현대의학 모두에서 주목받고 있다.

피해야 할 대상

임산부

- 혈액 순환 변화: 임신 중에는 혈액 순환이 변화하며, 특정 경락 치료가 이 흐름에 영향을 줄 수 있다.
- 자궁 수축 유발 가능성: 특정 경락이나 지압이 자궁 수축을 유발할 수 있어, 조산이나 유산의 위험이 증가할 수 있다.
- 호르몬 변화: 임신으로 인한 호르몬 변화가 신체에 다양한 영향을 미치므로, 예상치 못한 부작용을 초래할 수 있다.
- 신체의 민감성 증가: 임신 중에는 신체가 더 민감해지므로, 불편함이나 통증을 느낄 수 있다.

심각한 건강 상태의 환자

- 상태 악화 가능성: 특정 질병이나 증상이 있는 경우, 증상을 악화시키거나 합병증을 유발할 수 있다.
- 면역력 저하: 심각한 건강 상태에서는 면역력이 저하되어 있어, 감염 등의 위험이 증가할 수 있다.
- 약물 상호작용: 환자가 복용 중인 약물과 상호작용할 수 있어, 예상치 못한 부작용이 발생할 수 있다.
- 신체의 민감성: 건강 상태에 따라 신체가 더 민감하게 반응할 수 있으며, 통증이나 불편함이 증가할 수 있다.

건강의 중요성

- 건강의 우선성: 우리가 살아가면서 가장 중요한 것은 건강이다.
  - 돈, 명예, 성공도 중요하지만, 건강을 잃으면 모든 것을 잃는 것과 같다.

- 건강의 유지: 건강은 최우선적으로 유지해야 할 요소이다.
  - 건강이 없으면 다른 모든 것들이 무의미해질 수 있다.

경락의 정의: 경락은 동양 의학에서 중요한 개념으로, 에너지가 흐르는 통로이다.
경락은 눈에 보이지 않지만, 인체의 에너지를 연결하는 역할을 한다.
서양 의학과의 차이: 오늘 설명할 내용은 서양 의학이 아닌 동양 의학의 경락에 관한 것이다.

경락의 기본 개념

- 경락은 에너지가 흐르는 통로로, 세로와 가로로 흐르는 에너지를 총괄적으로 포함한다.
- 경락은 일정한 법칙에 따라 움직인다.
- 경락의 에너지는 허와 실의 상태로 나뉘어져 있다.
- 모든 건강은 음과 양의 조화를 통해 이루어지며, 이는 신경계의 부조화도 포함된다.

허와 실의 균형

- 허와 실의 균형은 건강을 유지하는 데 필수적이다.
- 음과 양의 조화가 이루어지면 건강이 유지되며, 이는 근육의 긴장과 이완에도 적용된다.
- 한쪽 근육이 뭉치면 반대쪽은 이완되며, 이 두 상태를 조절하여 균형을 맞추는 것이 중요하다.

경락의 흐름

- 경락의 흐름은 인체의 소우주와 같은 역할을 하며, 모든 장기가 동시에 움직인다.
- 경락의 흐름은 정신과 육체의 건강을 조절하는 데 필수적이다.
- 경락의 흐름을 통해 노폐물 배출과 에너지 순환이 이루어지며, 이는 건강 유지에 기여한다.
- 경락의 흐름을 이해하고 관리하는 것은 동양 의학의 핵심 원리 중 하나이다.

12경락과 경혈의 수
12개의 경락: 인체에는 12개의 주요 경락이 존재한다.
각 경락은 특정한 기능과 역할을 가지고 있다.
경혈의 개수: 총 365개의 경혈이 존재하며, 이는 인체의 건강을 유지하는 데 중요한 역할을 한다.

경락의 기능과 혈자리
혈자리의 역할: 각 경락에는 여러 개의 혈자리가 있으며, 이들은 특정 장기와 연결되어 있다.
혈자리는 건강을 유지하고 질병을 예방하는 데 필수적이다.
경락의 에너지 흐름: 경락의 에너지가 원활하게 흐를 때, 인체는 건강을 유지할 수 있다.

12경락

12경락과 기맥의 구성

경락의 수: 인체에는 12 경락과 기경팔맥이 있으며, 총 20개의 기맥이 존재한다.

혈자리: 12 경락에는 309개의 혈자리가 있으며, 기경팔맥 중에는 24개의 혈자리가 있다.

총 혈자리 수: 총 361개의 혈자리로 이루어져 있다.

361개의 혈자리

1. 폐경: 11개 (LUNG MERIDIAN): 폐소혈, 중부, 태연 등
2. 대장경: 20개 (LARGE INTESTINE MERIDIAN): 소화와 배설을 조절하며, 체내의 수분과 노폐물 배출
3. 위경: 45개 (STOMACH MERIDIAN): 음식의 소화 및 영양 흡수를 관장하며, 위의 기능과 관련이 깊다.
4. 비경: 21개 (SPLEEN MERIDIAN): 영양소의 흡수와 혈액 생성에 중요한 역할을 하며, 체내의 수분과 에너지 균형을 유지한다.
5. 심경: 9개 (HEART MERIDIAN): 심장과 관련된 기능을 관장하며, 혈액 순환과 감정조절에 중요하다.
6. 소장경: 19개 (SMALL INTESTINE MERIDIAN): 음식의 소화와 영양소의 흡수를 돕고, 체내의 노폐물 제거에 기여한다.
7. 방광경: 67개 (BLADDER MERIDIAN):소변의 저장과 배출을 조절하며, 체내의 수분 균형에 관여한다.
8. 신경: 27개 (KIDNEY MERIDIAN):신장 기능과 관련이 깊으며, 생명력과 노화, 생식 건강에 중요한 역할을 한다.
9. 심포경: 9개 (PERICARDIUM MERIDIAN):심장을 보호하고 감정적 안정과 관련이 있다.
10. 삼초경: 23개 (SAN JIAO MERIDIAN): 체내의 에너지 흐름을 조절하며, 세 가지 에너지 시스템(상부, 중부, 하부)의 균형을 유지한다.
11. 담경: 44개 (GALLBLADDER MERIDIAN): 담즙의 분비와 관련되며, 결단력과 감정조절에 기여한다.
12. 간경: 14개 (LIVER MERIDIAN): 간의 기능과 관련이 깊으며, 혈액 저장, 해독, 감정 조절에 중요한 역할을 한다.

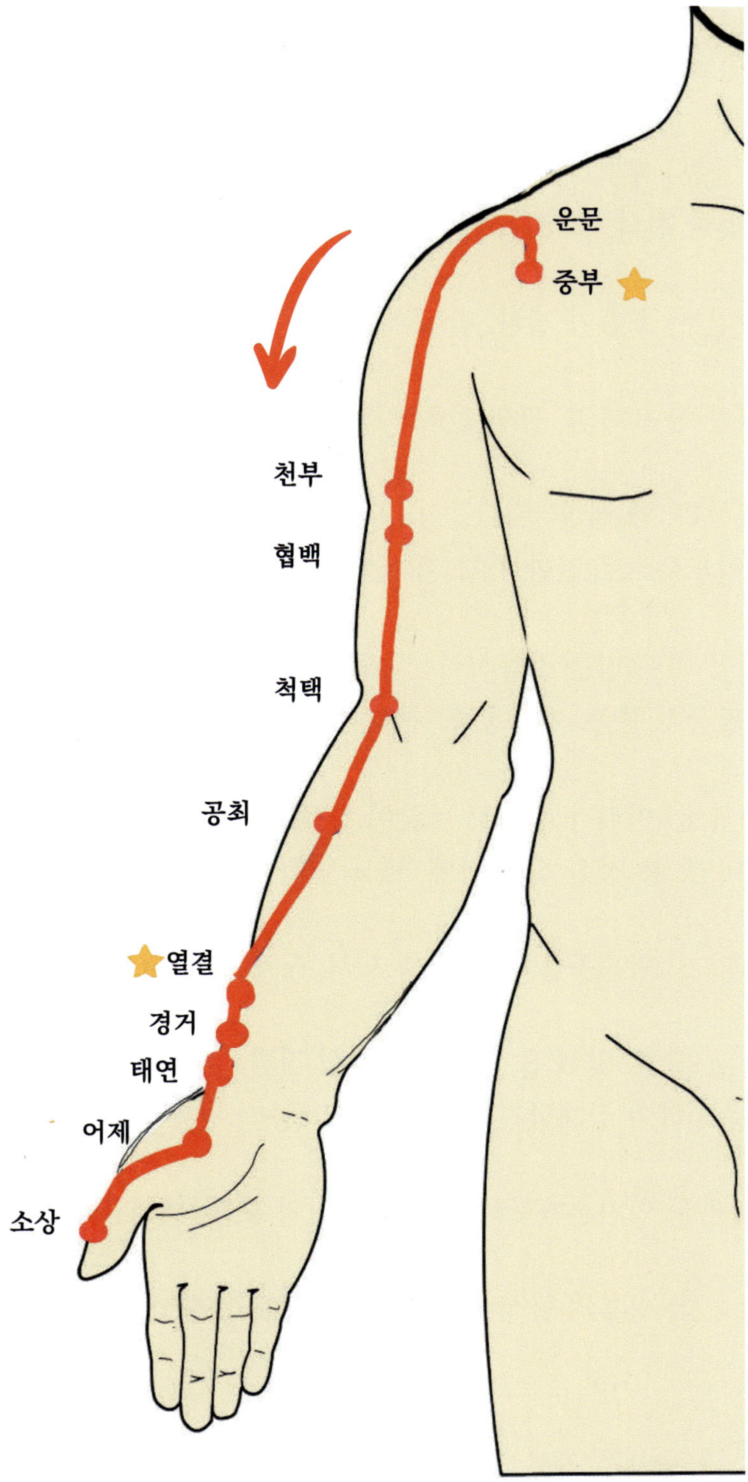

수태음폐경 11혈

포인트 이점

시동병: 기침이 나고 숨이 차서 헐떡거리고 답답하며 가슴이 그득하고 팔꿈치와 팔뚝의 안쪽 앞이 아프고 차며 어깨와 잔등이 아프며 시리고 숨을 제대로 쉴 수 없습니다. 오줌이 잦으며 하품을 자주 합니다. (출처:동의보감)

(중부) 폐 및 하부 호흡기 계통의 급성 질환. 어깨와 팔의 앞쪽 부위에 통증, 감기나 기관지염으로 인한 천식, 기침 및 가슴 답답함을 완화

(운문) 폐기가 출입하는 문,호흡기 질환,기침과 관련된 질환, 감기나 기관지염으로 인한 천식, 오십견, 어깨관절통

(천부) 호흡기 질환, 팔뚝 부위의 통증, 열을 식히는 곳, 고혈압, 어깨통증

(협백) 늑막염, 팔의 안쪽통증, 호흡이 촉박

(척택) 폐 질환(주로 급성 질환), 외측 상과염, 어깨와 팔의 앞쪽 부위에 통증, 열, 천식, 인후통으로 인한 기침, 허파에서 열을 제거

(공최) 구멍을 소통시키는 능력이 탁월하는 뜻, 호흡기 질환, 출혈을 멎게 하는 혈, 팔꿈치 통증, 가슴통증, 천식

(열결) 머리가 무겁고 너앞이 캄캄,안면신경마비, 손목 부위와 어깨 앞쪽 부위의 통증, 비염, 통 정신 신체 장애, 배뇨 변화

(경거) 막힌곳을 풀어 열을 제거, 구토, 열이나는데 땀이 나지 않는 증상

(태연) 폐 및 호흡기 계통의 만성 질환. 손목 기능의 변화, 혈액 순환과 강한 맥박을 촉진하여 심계항진, 흉통 및 죽상 동맥 경화증에 좋습니다.

(어제) 엄지손가락의 중수골 부위의 통증, 폐와 목의 급성 질환, 손목 터널증후군

(소상) 인후의 급성 염증성 질환, 편도선염 상태, 음식을 넘기지 못함

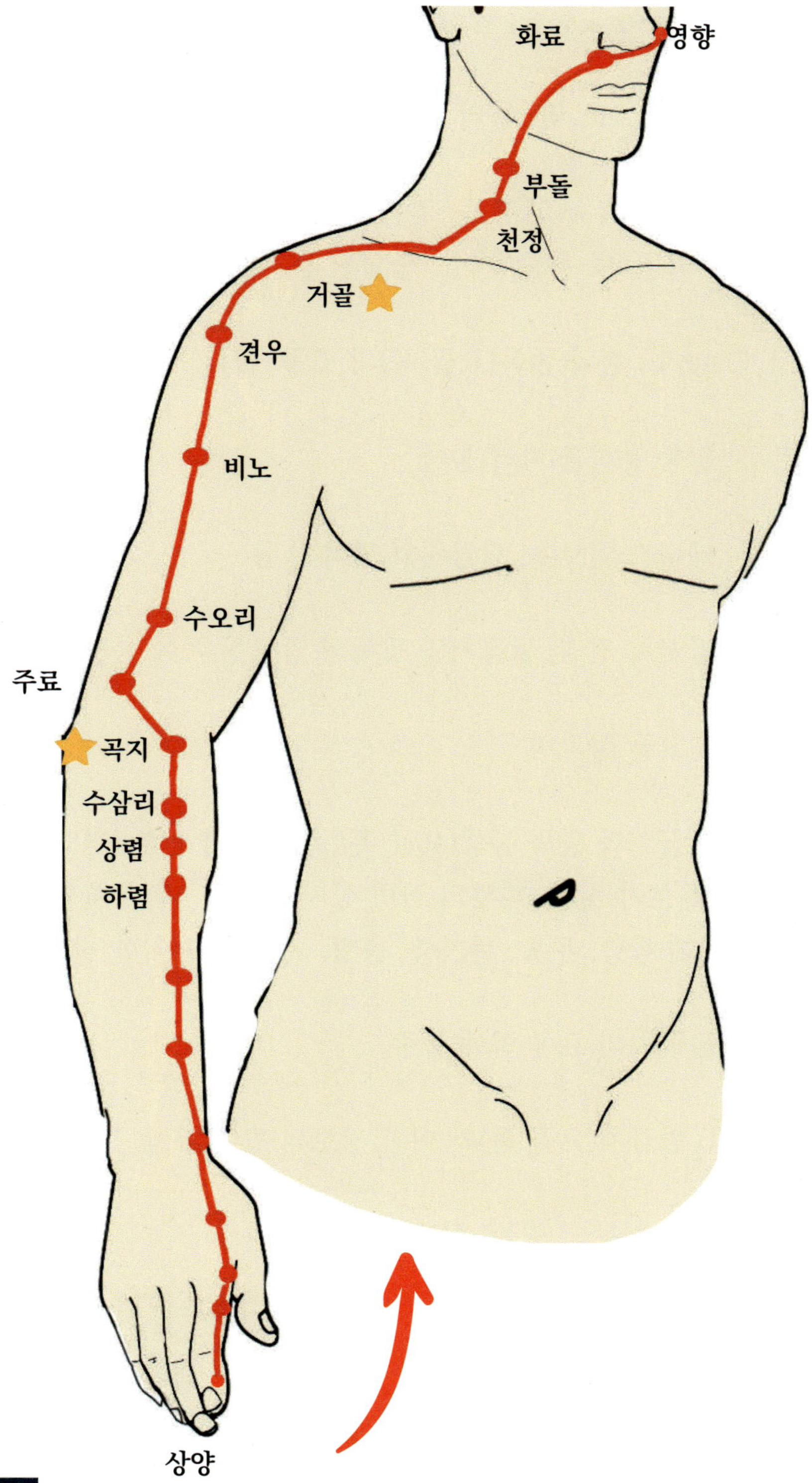

수양명대장경20혈

포인트 이점

시동병: 진액과 관련된 질병, 눈이 누렇고 입이 마르며 코피가 나고 어깨 앞쪽과 팔죽지가 아프다고 합니다.
또한 엄지손가락과 집게손가락이 아프다고 하며, 열이 나면 부어 오르고 춥고 떨리는 것이 멎지 않는다고 합니다.

(상양) 입과 목의 통증, 급성 또는 염증성 질환

(이간) (삼간) 코, 입, 목의 염증성 질환, 손의 통증(요골 부위)

(합곡) 머리 전두부의(통증, 염증, 복부 질환, 피부 경련, 얼굴에 영향을 미치는 모든 장애: 부비동, 턱 통증, 치통, 충혈된 눈, 경련, 부기

(양계) (편력) 손과 손목(요골 쪽)의 고통, 코와 목의 급성 염증성 질환

(온류) 팔뚝 운하를 따라 통증

(하렴) 테니스 엘보우, 팔꿈치와 팔뚝의 통

(상렴) 팔꿈치 건염, 팔꿈치와 팔뚝의 방사형 쪽에 통증

(수삼리) 요골 상과염

(곡지) 팔꿈치와 팔뚝 통증(요골 쪽), 알레르기 질환 (면역 조절 효과), 머리와 목의 열성 또는 알레르기 질환, 피부의 질병 상지의 마비, 복부 질환, 발열, 인후통, 건염, 테니스 엘보, 어깨 통증, 두통, 현기증, 충혈, 치통, 불규칙한 월경, 습진, 복통, 설사

(주료) 팔꿈치의 요골 쪽에 통증

(수오리) 팔꿈치(요골 쪽)와 이관 경로의 팔에 통증

(비노) 어깨 통증과 팔뚝, 상지 마비

(견우) 어깨와 팔의 통증

(거골) 어깨 - 목과 팔 부위의 통증, 요통

(천정) 인후와 후두의 염증성 질환, 갑상선염

(부돌) 인후와 후두의 염증성 질환, 후두의 섭동(쉰 목소리), 갑상선 기능 저하증

(화료) 코와 부비동의 질환, 안면 마비, 후각상실증

(영향) 코와 부비동의 질환, 삼차 신경통, 안면 마비, 얼굴 부위의 안면 틱, 코막힘(급성 또는 만성), 후각 상실, 부비동염 및 비염

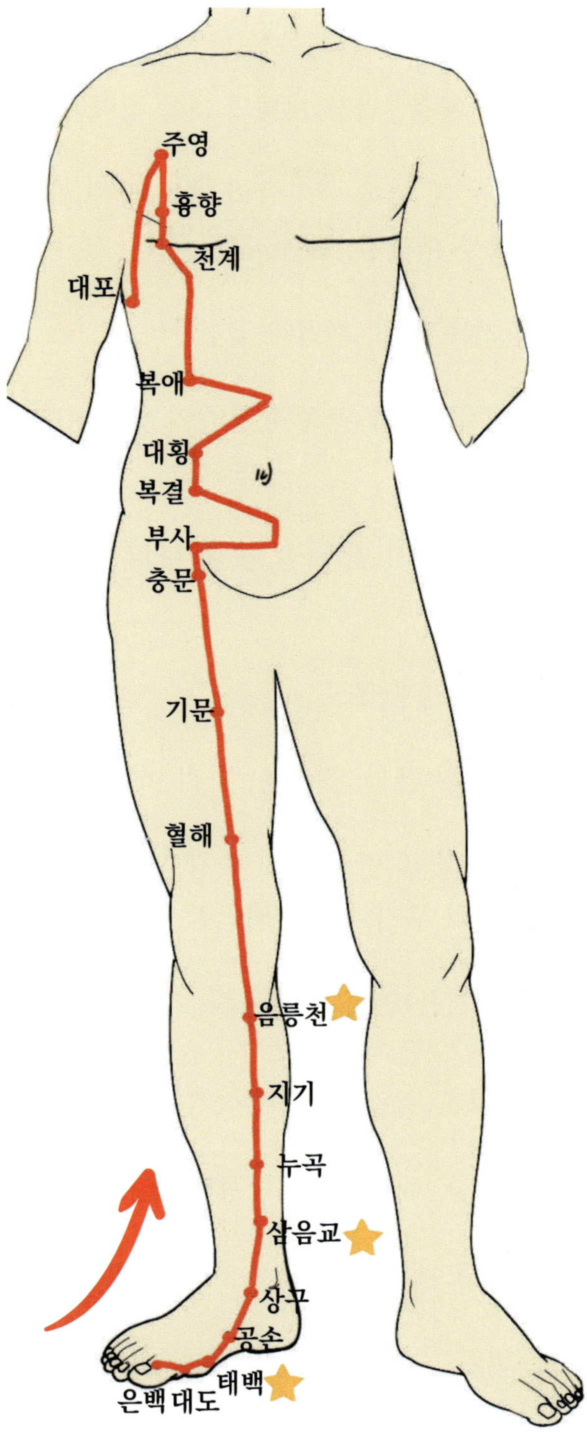

족태음비경21혈

포인트 이점

시동병: 혀뿌리가 뻣뻣해지고 음식을 먹으면 구역을 하며 위가 아프며 헛배가 부르며 트림을 많이 합니다.
두 번째 증상은 몸이 무겁고 음식을 먹으면 소화되지 않고 가슴이 답답하며 명치 밑이 당기면서 아프며 설사가 납니다. 편히 자지 못하고 서 있기 힘들고 허벅다리와 무릎이 붓고 차갑습니다.
세 번째 증상은 배가 자주 고프고 오줌색이 누렇습니다. 뱃속이 차고 배가 팽팽하게 불러옵니다.

(은백) 발의 내측

(대도) 발 내부 부분의 통증, 위장 계통의 기능 장애

(태백) 위장 기능 장애, 첫 번째 발가락의 통증 장애,가 슴의 압박감, 전반적인 피로, 영양소 흡수 장애, 복부 팽만감, 복통, 구토, 설사 및 나른함

(공손) 위장 계통의 기능 장애, 부인과 질환

(상구) 무릎 관절과 발목, 무릎 안쪽에 통증이 있습니다. 만성 위장염, 습기를 동반한 설사, 피로, 복부 팽만감

(삼음교) 부인과, 비뇨생식기 및 위장 장애, 다리 아랫부분의 통증 장애, 불면증과 불안, 현기증, 고혈압

(누곡) 다리 아랫부분의 통증 호소

(지기) 부인과 질환, 특히 급성, 월경통, 다리 아랫부분의 통증

(음릉천) 수분 축적, 급성 및 만성 소화 불량, 습도 증가와 관련된 비뇨생식기 및 부인과 질환, 무릎의 부종, 몸의 부기, 낭종, 팽만감, 메스꺼움, 묽은 변 또는 설사

(혈해) 부인과 질환(월경통)면역 조절 효과, 무릎의통증), 혈액을 활성화하고 움직이며, 혈액을 식히고, 피부에 도움이 되며(발진, 습진 및 알레르기 반응, 붉고 뜨거운 증상 포함), 월경통, 하부 자오(방광 감염, 생식기 발생)에 도움

(기문) 허벅지 내부 통증, 배뇨 변화, 방광염

(충문) 서혜부 부위와 고관절 앞쪽의 통증, 방광염

(부사) (복결) 복부 질환

(대횡) 복부의 만성 기능 장애(만성 관련 변비, 만성 점액성 설사)

(복애) 복부 장기의 고통스러운 변화(설사, 변비)

(천계) 흉부 및 흉부 내 통증(늑간 신경통, 유선염, 유방 병증)

(흉향) 흉부 및 흉부 내통(늑간 신경통, 기관지염, 폐렴)의 치료

(주영) 흉부 및 흉부 내부 통증의 치료, 섬유근육통

(대포) 흉부 및 흉부 내통(늑간신경통,역류성 식도염)(식두)

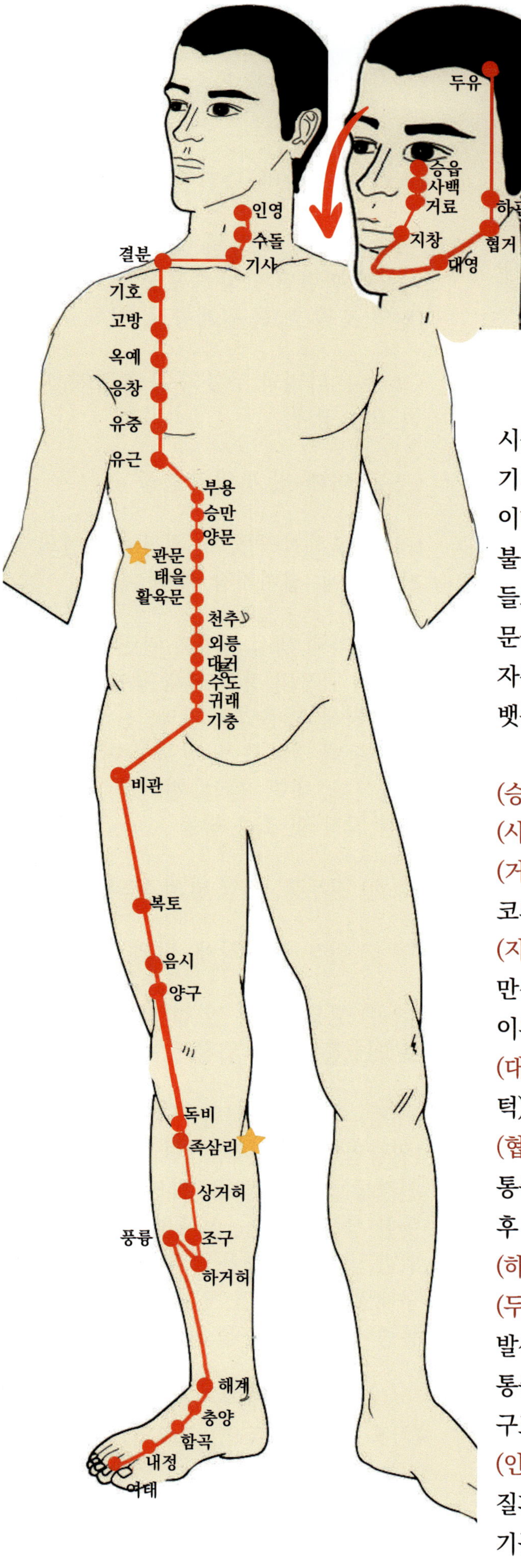

족양명위경45혈

포인트 이점

시동병: (감기 증상)오싹오싹 춥고 떨리며 기지개를 잘 하고 하품을 자주 합니다. 이마가 꺼멓게 됩니다. 병이 들면 사람과 불을 싫어하고 나무가 부딪치는 소리를 들으면 깜짝 놀라며 가슴이 두근거려서 문을 닫고 혼자 있으려고 합니다. 배가 자주 고프며 오줌색이 누렇습니다. 뱃속이 차고 배가 팽팽하게 불러옵니다.

(승읍) 눈의질병
(사백) 안와하 신경 손상
(거료) 눈의 질병, 안면 마비, 삼차 신경통, 코와 부비동의 기능 장애
(지창) 안면 마비, 삼차 신경통, 얼굴의 만성 근막 통증(구두점은 안면 근육을 이완시킵니다.
(대영) 얼굴의 만성 근막 통증, 치통(아래 턱) 안면 마비
(협거) 얼굴의 만성 근막 통증, 턱관절의 통증, 난청, 악물린 턱, 턱 통증, 치통외상 후 스트레스 장애
(하관) 삼차 신경통, 치통, TMJ 및 이명
(두유) 두통은 주로 전두엽에서 발생합니다. 편두통, 현기증, 복고풍 안구 통증, 얼굴의 만성 근막 통증, 메스꺼움, 구토 및 또는 빛에 대한 민감성
(인영) 갑상선 질환, 인후와 후두의 염증성 질환(편도선염, 인두염, 후두염)갑작스런 기능적 쉰 목소리, 딸꾹질, 트림

(수돌) 인후통, 갑상선항진증

(기사) 인후, 식도염

(결분) 천식, 팔 경련, 상지마지

(기호) 해수, 천식, 딱굴질, 늑간신경통

(고방)(옥예)(응창) 호흡고란, 흉통, 천식, 유선염

(유증)(유근) 심근경색, 협심증, 늑막염

(불용) 구토, 위가 늘어나는 위병, 식욕부진

(승만) 위통, 급성위염, 배에서 소리, 소화 불량, 위궤양

(양문) 담석증, 십이지장염

(관문) 위장 시스템의 고통스러운 장애 (위염, 위장염)

(태을) 위통, 다리가 붓다, 모든정신병

(활육문) 위장 계통의 고통스러운 장애

(천추) 변비, 월경통 하복부 긴장(생리통)을 동반한 월경전 증후군

(외릉) 위장 계통의 고통스러운 장애, 월경통 태반의 불완전한 박리

(대거) 위장 계통의고통스러운 장애, 월경통

(수도) 배뇨 변화, 월경통

(귀래) 월경통, 불규칙한 생리 주기

(기충) 하복부(또는 비뇨생식기 및 장골 부위)의 고통스러운 장애, 발기 부전

(비관) 허벅지통증,허벅지 감각 이상, 궤양성 대장염

(복토) 허벅지와 무릎 부위의 통증

(음시)(양구) 무릎 통증, 급성 위장 장애, 설사

(독비) 하지마비, 슬관절통, 슬관절염

(족삼리) 위장 계통의 장애, 피로 및 쇠약과 관련된 만성 증후군, 알레르기 (면역 조절 효과) 심계항진, 천식

(상거허) 다리와 무릎의 통증 장애, 대장의 기능 장애

(조구) 어깨-팔 부위의 통증

(하거허) 하지의 장애, 위장 시스템의 기능 장애, 십이지장 궤양

(풍륭) 가래 생성 증가와 관련된 질병, 비장과 위장의 정신 신체 장애 (슬픔, 우울)천식, 많은양의 가래, 천식, 낭종, 죽상 동맥 경화증 및 낭포성 여드름에 좋습니다. 비만, 불안, 현기증, 우울증, 공황 발작 및 조증 행동

(해계) 전두통, 건염 발의 목의 염좌

(충양) 위장 기능 장애, 발의 통증

(함곡) 고통스러운 발 질환(중족골통 포함)고통스러운 위장 장애

(내정) 위장 시스템의 급성 기능 장애 (위장염), 편도선염, 안면 마비, 삼차 신경통, 열을 식히고, 위산 역류, 타는 듯한 상복부 통증, 설사 또는 변비로 인한 냄새나는 변을 조절하고, 치통, 구내염, 잇몸 출혈, 인후통 및 얼굴 통증에 대한 통증을 완화

(여태) 코, 입, 목 부위의 급성 질환 (치통, 비염, 후두염, 인두염)

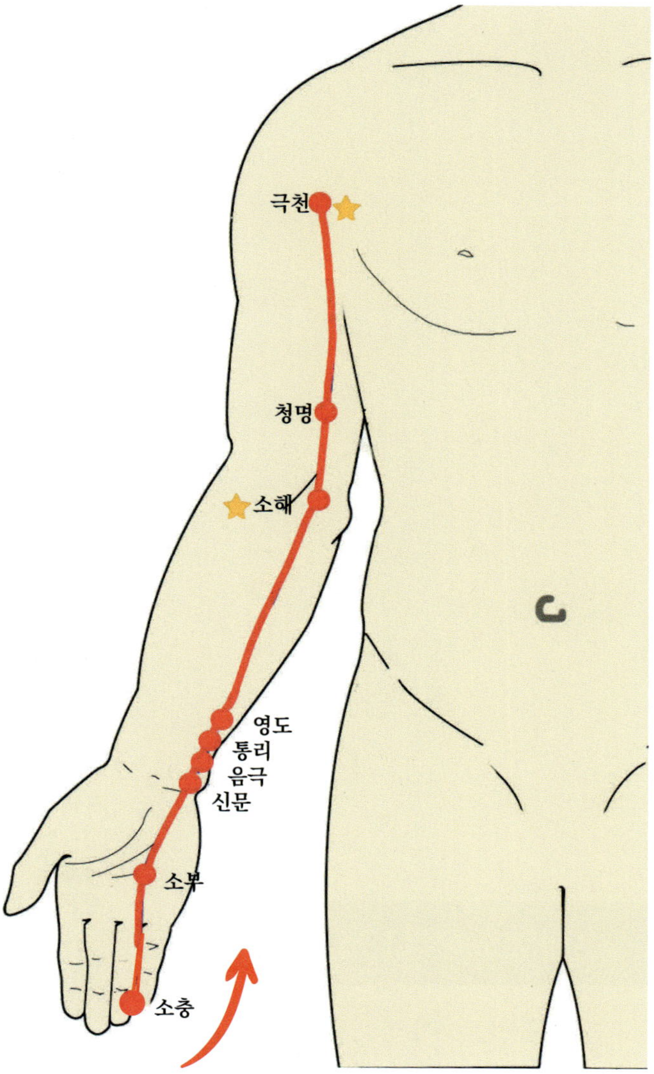

수소음심경9혈

포인트 이점

시동병: 목이 마르고 가슴이 아프며 눈이 누렇고 옆구리가 아프며 팔죽지와 팔뚝 안쪽 뒤 변두리가 아프고 차며 손바닥이 화끈거립니다.

(소충) 흉통, 인사불성 구급혈, 손바닥 열
(소부) 손바닥 열, 조바심, 불안초조, 반신불수, 심장질환
(신문) 기혈 흐름을 촉진, 변비, 정서불안, 갱년기장애, 히스테리
(음극) 눈피로, 심부전증, 협심증, 코피과로, 어지러움증
(통리) 두통, 식욕부진, 소변분리, 언어 장애(갑작스러운 목소리 상실)불안과 초조함, 수면 장애, 우울증
(영도) 팔꿈치 관절염, 척골, 신경마비, 히스테리에 대한 마음을 진정, 코피나 피를 토할 때 사용
(소해) 눈 충혈, 비만증, 축농증, 귀울림, 기능성 심장 문제, 불안 발작, 순환 조절 장애, 수면 장애, 마음을 진정시키고, 기억력을 향상
(청명) 기능적 심장 문제(심계항진, 통증), 레이노병, 손 기능 장애, 갑자기 눈이 노래지고 한기를 느낄때
(극천) 기능적 심장 문제(심계항진, 통증), 지나친 흥분이나 통제되지 않은 웃음, 견비통, 오십견, 팔이 위로 못 올라갈 때

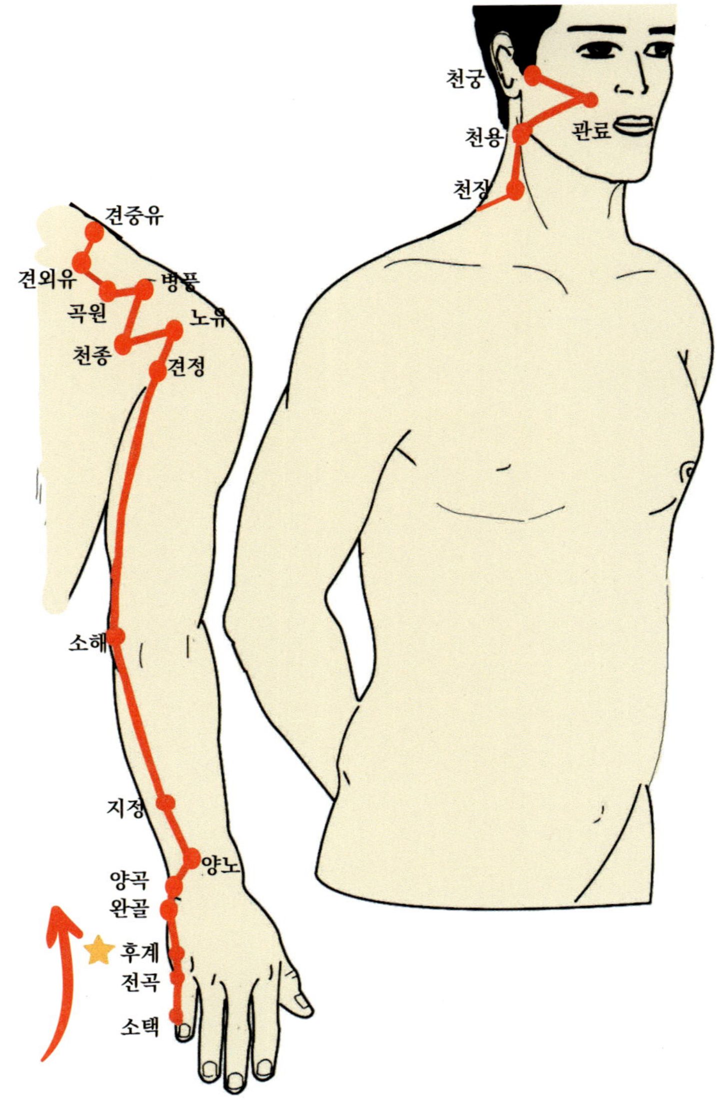

수태양소장경19혈

포인트 이점

시동병: 목이 아프고 턱이 부어서 목을 돌릴 수 없고 어깨가 빠지는 것 같으며 팔죽지가 꺾어지는 것 같습니다. 눈이 누렇고 뺨과 턱이 붓고 목과 어깨, 팔죽지, 팔굽, 팔뚝의 바깥쪽 뒤 변두리가 아픕니다.

(소택) 열증에 의한 여드름, 소장의 열 제거
(전곡) 피부건조, 피부각질이탈, 수분부족, 인후통, 치통
(후계) 어깨 부위의 통증, 요추 부위와 척추 전체의 통증, 손과 손목의 통증, 경추 골절, 후두부 두통, 목 통증, 요통, 귀앓이, 현기증, 경련, 이명, 인후통, 식은땀, 조증
(완골) 손목 통증, 황달과 관련된 담즙 분비의 기능 장애, 심장 리듬의 변화
(양곡) 손목의 기능 장애, 감기와 관련된 두통, 노년기의 장애
(양로) 어깨와 목 부위의 고통스러운 변화 (지정) 팔뚝의 고통스러운 변화, 팔꿈치 건염
(소해) 팔꿈치(테니스 팔꿈치)의 아픈 애정, 어깨와 목 부위의 고통스러운 변화
(견정) 두통, 어깨통증, 이명증 불안의 신경증 (노유) 중풍 (천종) 유방통심장병
(병풍) 어깨와 목의 통증, 불안의 신경증
(곡원) 견갑골 척추의 안쪽 끝에 움푹 들어간 곳, 척골신경통
(견외유) 어깨와 팔이 마비되었을때 (견중유) 기간지,천식 (천장) 반신불수
(천용) 인후염, 편두선염, 치은염, 난청 (천궁) 중이염, 안면 신경 마비, 실음, 현기증

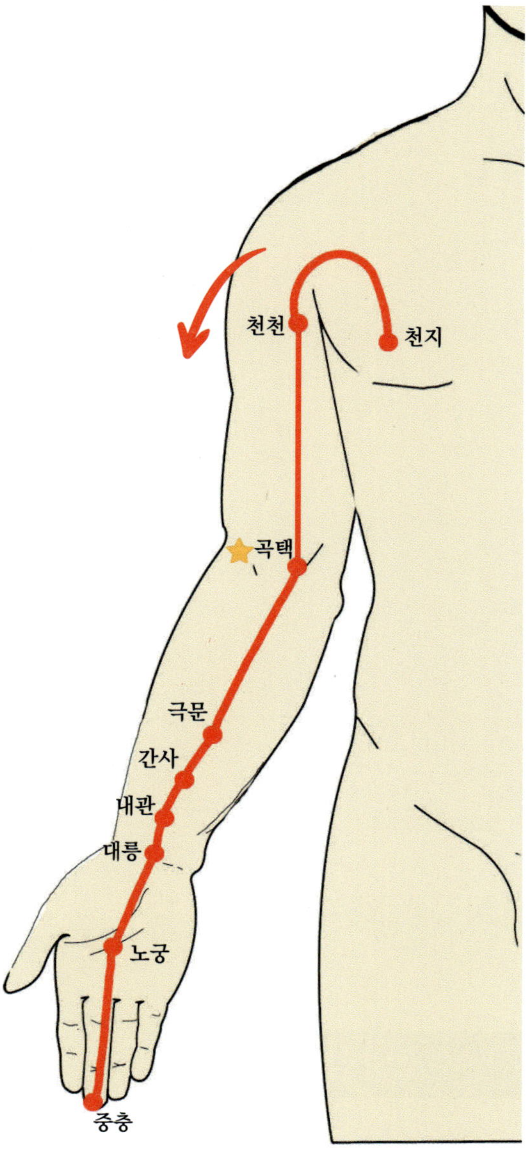

수궐음심포경9혈

포인트 이점

시동병: 손바닥이 화끈거리고 팔굽과 팔뚝이 저리고 굳고 겨드랑이가 붓고 심하면 가슴과 옆구리가 벅차며 가슴이 몹시 뛰고 얼굴이 붉으며 눈이 누렇고 자주 원인없이 웃는 증상이 나타납니다.
가슴이 답답하고 아프며 손바닥이 화끈거리는 증상이 나타납니다.

(천지) 가슴에 통증이 느껴진다. 늑간 신경통, 액와부종통
(천천) 팔꿈치 통증, 기능적 심장 문제, 팔이 안쪽으로 아픈 상지내측통
(곡택) 협심증, 급성위장염, 팔꿈치가 아픈주비통, 수전증
(극문) 모든심장질환, 흉부 압박 질병, 히스테리, 우울증, 횡경막경련
(간사) 마음을 진정시키고 과민성, 불안 및 안절부절 못하는 열을 제거, 메스꺼움, 구토 및 위산 역류, 메스꺼움, 구토, 딸꾹질, 팔뚝과 손목의 고통 (예: 손목 터널 증후군) 기능적 심장 문제, 정신 신체 장애, 두통 만성 질환
(내관) 인후통, 천식, 각종 수술시의 마취혈
(대릉) 혀가 아픈 설통, 손목관절통, 상지습진, 정신병,불면증
(노궁) 열을 내리는 것, 의식이 없는 경우 응급 지점, 분노, 심장 마비, 구내염, 피로
(중충) 머리가 깨질 것 같은 두통, 혀가 뻣뻣한 설강, 설염, 황달

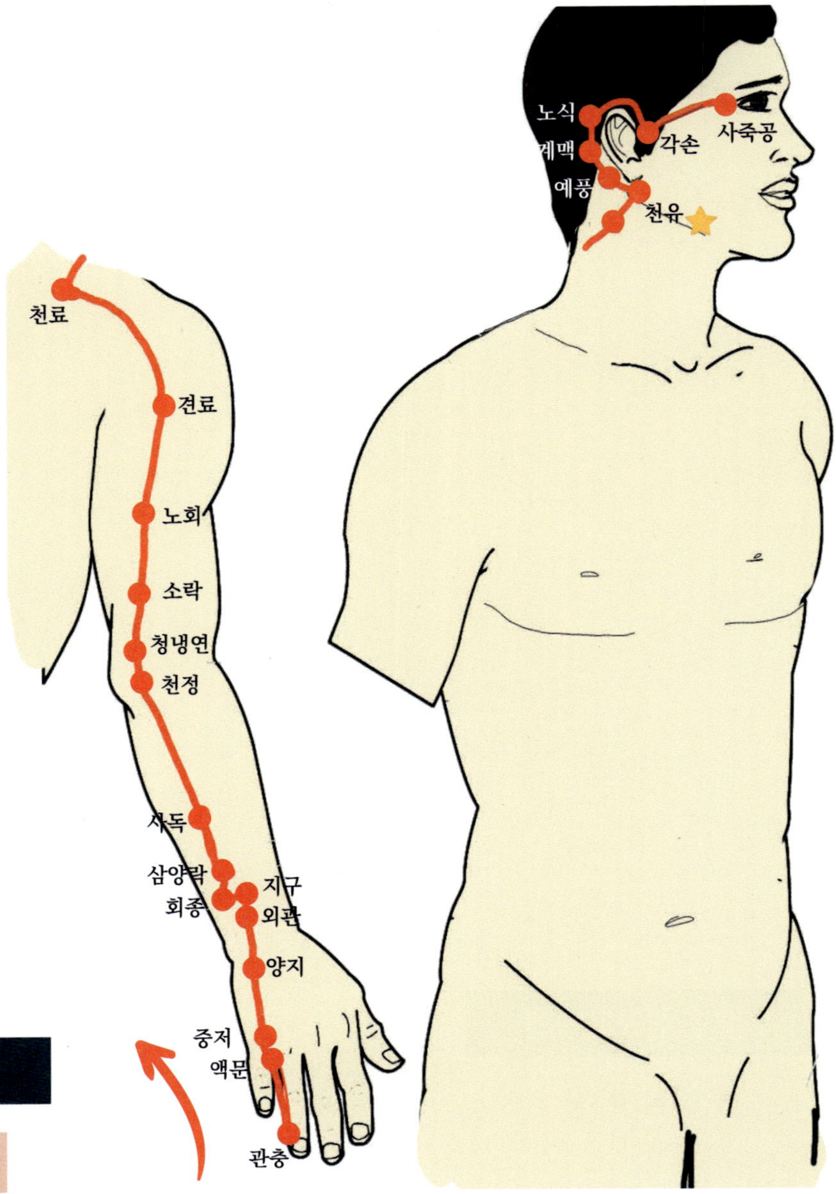

수소양삼초23혈

포인트 이점

시동병: 청력 장애, 목 부기, 발한, 눈 감염, 약손가락 마비를 유발하는 질병입니다. (관충) 열질환, 두통, 백내장, 입안건조증, 편두통, 설강, 중이염 (액문) 인후통, 난청, 차멀미, 이명 (중저) 견배통, 늑간신경통, 실어증, 시력감퇴 (양지) 손목질환, 손목관절, 어깨통증, 편도선염, 넹데히, 입덧 (외관) 편두통, 수전증, 늑간신경통 (지구) 견비통, 상지마비, 습관성변비, 협심증, 늑간신경통 (회종) 목이 아픈 항통, 오십견, 모든위병 (삼양락) 이명, 손과 팔이 아픈 수비통 (사독) 치통, 신경쇠약, 현운, 실어증 (천정) 갑상선이 붓는 것, 견비통 (청냉연) 두통, 눈이 아픈 안통, 견비통, 상지마비, 어깨, 등, 팔이 아픈증상 (소락) 목과 등이 아픈 항배통, 치통, 견비통 (노화) 견비통, 삼각근염, 갑상선종대 (견료) 모든 견관절병, 갑상선이 부음 (천료) 어깨쪽지 아픈 견갑부통, 상지신경통, 고혈압 (천유) 귀에서 소리 이명, 잘 안들리는 이농, 중이염, 안면부종 (예풍) 모든귓병, 와사증, 시력장애, 이하선염 (계백) 난청, 편두통, 소아경기 (노식) 편두통, 이명, 뇌충혈 치유혈 (각손) 치통, 검은 눈동자에 흰것이 끼는 각막 백반, 숙취 (이문) 각종 귓병, 치통, 턱관절염 (화료) 안면신경마비, 편두통, 입을 다물고 열지 못하는 아관 긴급 치유혈 (사죽공) 모든 눈병, 두통, 삼차신경통, 와사증, 눈꺼풀이 떠는 안검경련, 안검하수

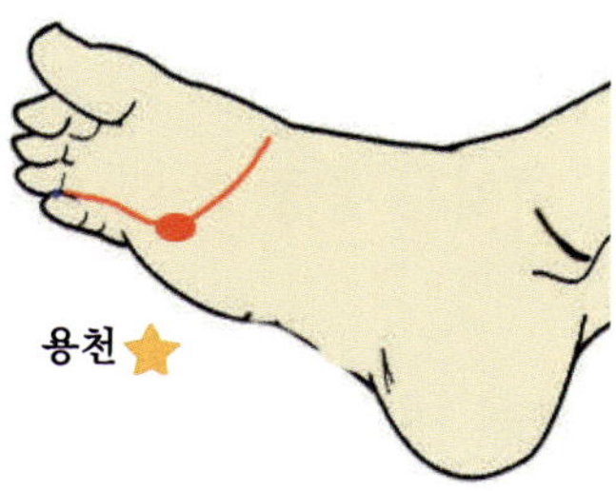

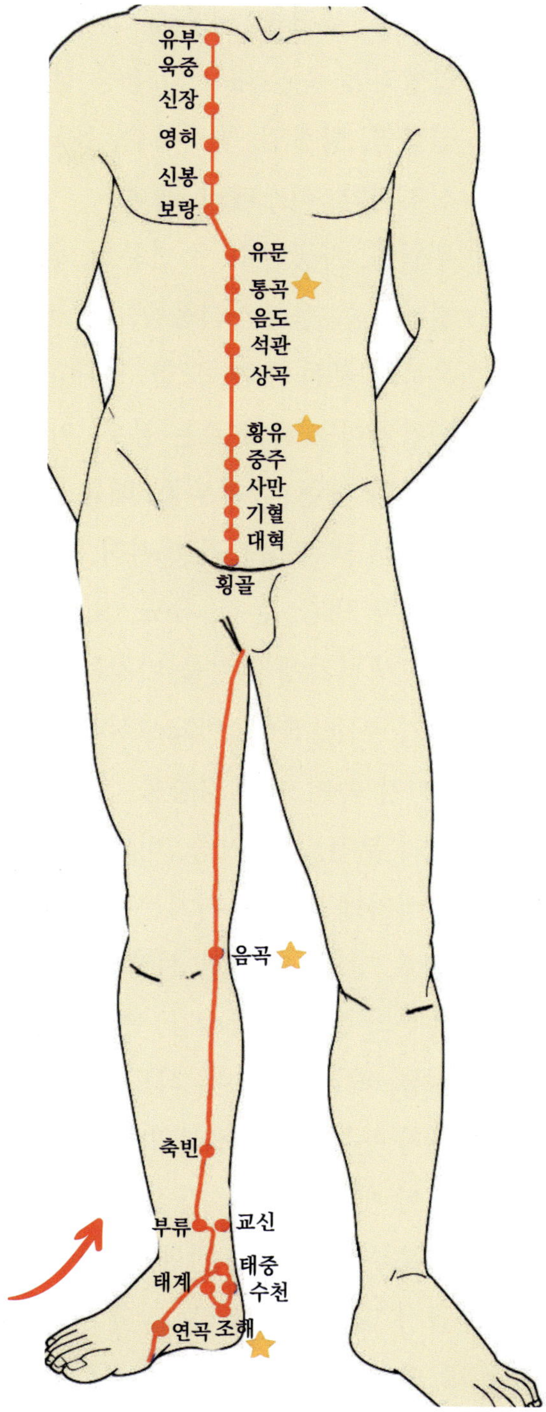

족소음신경27혈

포인트 이점

시동병: 복통과 식욕 부진, 안색이 짙은 갈색으로 변하고 기침을 할 때 피가 섞인 가래가 나오고 목에서 소리가 나고 숨가쁨이 있으며 갑자기 일어나면 눈앞이 어두워져 아무것도 보이지 않고 배고픈 것처럼 가슴이 쓰립니다.
불안감이 심하고 가슴이 두근거리며 누군가가 자신을 잡으러 오는 것 같은 느낌이 듭니다. 입안이 달고 혀가 마르며 목이 붓고 기가 치밀어 오르며 목 안이 마르고 아프며 가슴이 답답하고 아프며 등뼈, 엉덩이, 허벅지 안쪽, 뒤 변두리가 아프며 다리에 힘이 없고 차고 눕는 것을 좋아합니다.

(용천) 일사병, 불면증, 뇌졸증, 고혈압, 간질, 히스테리

(연곡) 앞발과 중족골(내측)의 통증 장애, 성기능 장애, 신부전, 지궁탈수

(태계) 신장염, 방광염, 월경불순, 유뇨, 발바닥 통증

(대종) 신경쇠약, 히스테리, 요폐

(수천) 무월경, 자궁탈수, 소변분리, 종골통 치유

(조해) 월경불순, 음부가려움증, 히스테리, 불면증, 냉대하, 몸이 붓는 부종, 자궁탈수

(부류) 온몸이 붓는 수종, 도한, 냉대하증, 요통, 고환통증

(교신) 월경혈이 계속 흐르는 봉루, 이질, 변비, 하지내측통

(축빈) 장딴지 경련, 다리부종, 해독

(음곡) 하복부 냉감,신장기능 저하, 봉루, 무릎 내측통증, 비뇨생식기 질환

(횡골) 하복부 냉감, 유정, 유뇨, 요도염

(대혁) 비뇨생식기에 영향을 미치는 통증 및 장애, 조류

(기혈) 발기 부전, 불임, 비뇨생식기에 영향을 미치는 통증 및 장애, 유정, 찬 하복부 냉감, 생식기 속이 아픈 경중통

(사만) 발기 부전, 무정자증, 비뇨생식기에 영향을 미치는 통증 및 장애

(중주) 생식기에 영향을 미치는 통증 및 장애, 변비

(황유) 요통, 장염, 위경련, 신장질환, 복부의 통증과 압박감, 변비, 설사

(상곡) 복부의 통증과 압박감, 변비, 설사, 십이지장염

(석관) 위통, 딱굴질, 변비, 식도경련, 상복부의 통증 및 장애. 불면증

(음도) 폐가 붓는 폐기종, 복막염,복통 구토

(통곡) 목이 뻣뻣한 항강, 간질, 가슴뛰는 심계, 설사, 구토

(유문) 상복부의 통증 및 장애, 위경련, 만성위염

(보랑) 급성 및 만성 폐 기능 장애, 가슴의 통증과 압박감, 비염, 위염, 기관지염

(신봉) 늑막염, 늑간신경통, 하부 호흡기의 급성 및 만성 기능 장애, 가슴의 통증과 압박감

(영허) 하부 호흡기의 급성 및 만성 기능 장애, 가슴의 통증과 압박감 유양병증불안, 혼란, 냄새를 못 맡음, 후각기능 감퇴

(신장) 기관지염, 모든 심장병에 좋은 혈임, 하부 호흡기의 급성 및 만성 기능 장애, 가슴의 통증과 압박감 불안, 두려움

(욱중) 하부 호흡기의 급성 및 만성 기능 장애, 가슴의 통증과 압박감

(유부) 폐의 기능 장애, 국소 통증 흉부 긴장 불안

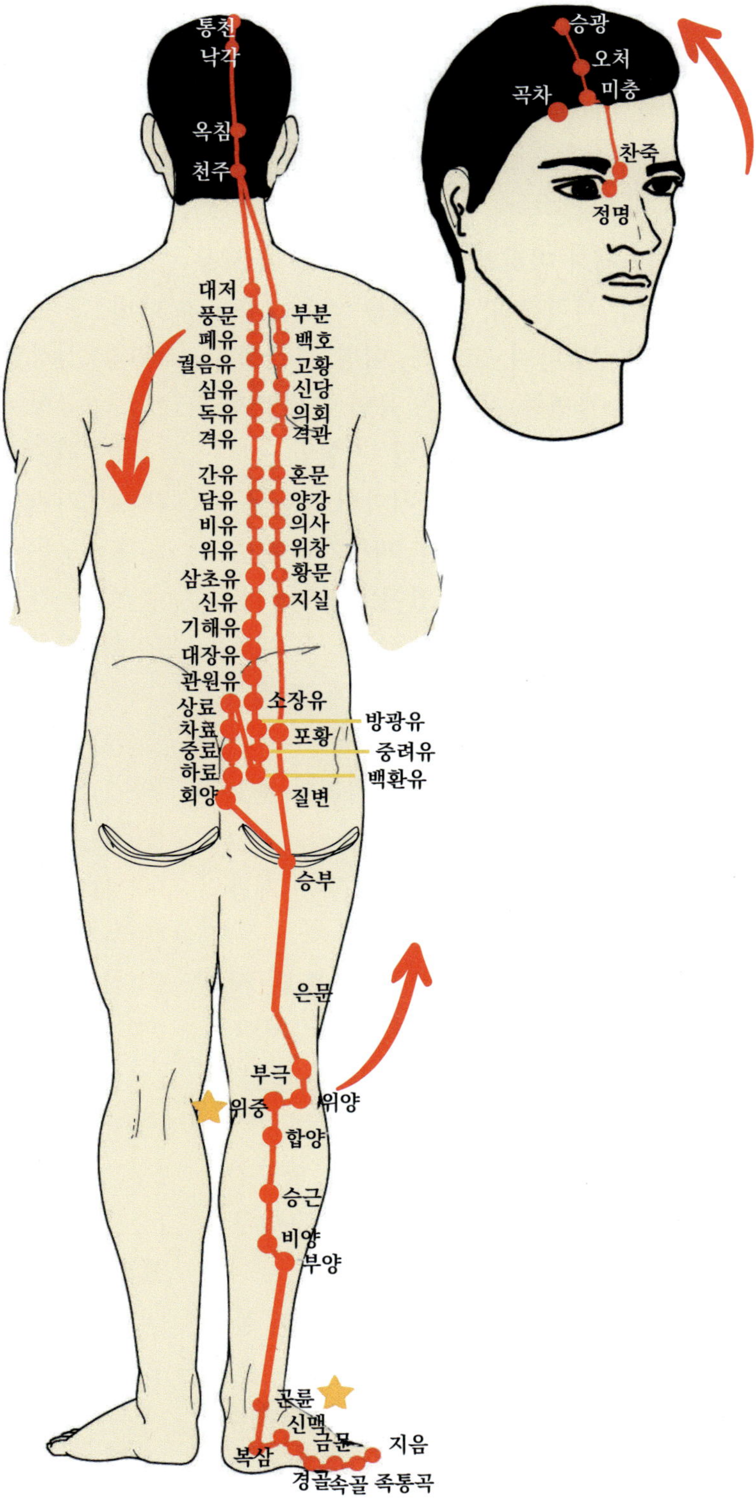

족태양방광경57

포인트 이점

시동병: 머리가 찌르는 것같이 아프고 눈이 빠져 나오는 것 같으며 목이 빠지는 것 습니다. 등뼈가 아프며 허리가 끊어지는 것 같고 넓적다리를 구부리지 못하며 오금이 짜그라드는 것 같고 장딴지가 터지는것 같습니다. 주로 힘줄과 관련된 병, 머리와 정수리가 아프며 눈이 노랗고 눈물이 나며 코피가 나고 목과 잔등 허리와 꽁무늬 오금과 장딴지 다리까지 모두 아프며 새끼발가락을 쓰지 못합니다.

(정명) 안과 질환(녹내장, 눈물 생성을 자극)
(찬죽) 눈 부위의 변화, 두통, 이마 부위의 애정(부비동염, 안면 마비, 삼차 신경)
(미충) 두통, 현운, 코막히는 비색
(곡차, 오처) 모든눈병
(승광) 시력저하 머리가 묵직하고 아플 때 사용
(통천) 비염, 시력감퇴, 어지러움
(낙각) 안면신경마비, 코감기, 이명, 후두통
(옥침) 근시, 불면증, 우울증, 목이 아픈 경향통
(천주) 후두통, 인후염, 고혈압, 저혈압
(대저) 모든 뼈와 관절병, 사지마비 치유혈
(풍문) 감기, 기관지염, 폐염, 피부가려움 증
(폐유) 천식, 폐렴, 가만히 있어도 땀이 나는 자한, 잠잘때 땀 도한
(궐음유) 심장 문제, 정신 신체 장애, 호흡기 및 수면
(심유) 유정, 건망증, 수족심열, 다리가 붓고 아픈각기
(독유) 딸꾹질, 트림 폐 및 하부 호흡기 계통의 기능 장애, 메스꺼움과 구토
(격유) 국소 통증, 간 및 담낭 변화, 흉부, 상복부, 배꼽 및 하복부의 통증, 무월경, 사지의 감각 이상, 수면 장애, 눈 질환, 분노, 분노 및 원한과 관련된 정신 신체 장애
(간유) 담낭의 질병, 위장 기능 장애, 딸꾹질
(담유) 담낭염, 간염, 위염, 가슴과 옆구리가 아픔
(비유) 설사, 두드리기, 신경성구토, 소화 불량, 빈혈
(위유) 모든 위질환, 식욕부진, 척배통- 척추 양쪽 등이 아픈 것
(삼초유) 원인불명의 부스럼, 소화불량
(신유) 귀에서 소리나는 이명, 탈모, 월경 불순
(기해유) 하지마비 치유혈
(대장유) 요통, 대장의 변화
(관원유) 만성장염, 요통, 당뇨병
(소장유) 요추 통증,배뇨 장애
(방광유) 요통 좌골 신경통, 치질, 허벅지와 오금의 통증
(중려유) 허벅지 뒤쪽의 통증,좌골 신경통
(백환유) 항문병,꽁무니가 아픈 요천부통
(상료) 탈장, 냉대하
(차료, 중료, 하료) 중풍하지마비,고환염
(회양) 좌골신경통, 생식기 발기불능, 치질
(승부) 엉덩이 처짐, 비만, 요폐, 요배통
(은문) 허리와 등이 아픈 요배통
(부극) 방광염, 변비, 요통, 다리 뒤쪽의 통증, 마비
(위양) 신장염, 방광염, 장딴지 경련, 치질
(위중) 급성위장염, 슬관절통, 중풍하지마비
(부분) 견(어깨), 항(뒤목) 등이 아플때
(백호) 기관지염, 천식
(고황) 모든 심장병, 건망증
(신당) 늑간신경통
(의회) 기침때 어깨 아픈 것
(격관) 위출혈, 식도경련
(혼문) 위, 간담질환
(양강) 담에 관계되는 질병 치료 혈
(의사) 늑막염, 위염, 구토, 설사
(위창) 위통, 복통, 척배통
(황문) 유선염, 상복통, 하지마비
(지실) 음낭습진, 온몸이 붓는 수종
(포황) 요통, 요폐, 장명, 볼기가 아픈 둔통
(질변) 하지마비, 항문질환
(합양) 요슬통, 생식기통, 장출혈
(승근) 장딴지 경련, 두통, 목과등이 뻣뻣
(승산) 탈항, 다리부종, 허리와 다리가 아픈 요퇴통
(비양) 다리가 붓고 아픈각기, 류마티스성 슬관절염
(부양) 방광염, 발목염좌
(곤륜) 난산, 소아경기, 갑상선종대, 요배통, 두통
(복삼) 발목이 아픈 족과통, 다리에 힘이 없는 하지위약
(신맥) 와사증, 염좌, 귀병으로 어지러운 내이성 현운
(금문) 족저통, 족배통, 정신잃고 죽은 것 같은 사궐증
(경골) 요퇴통, 두통, 뒤목뻣뻣
(속골) 항통, 소아경기
(지음) 코 막히는 배식, 눈의 통증

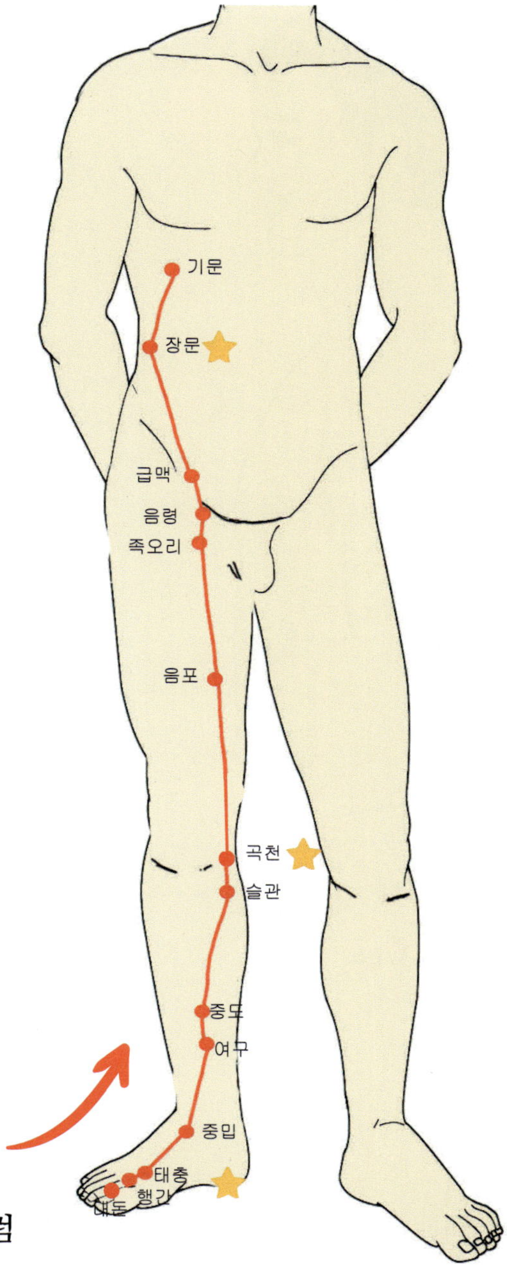

족궐음간경14혈

포인트 이점

시동병: 허리가 아파서 굽혔다 폈다 하지 하고
아랫배가 붓고 목이 마르며 얼굴에 때가 낀 것처럼
윤기가 없어집니다. 가슴이 그득하고 설사합니다.

(대돈) 생식기통, 밉루, 눈이 붉음, 히스테리
(행간) 음부냄새, 현운, 도한
(태충) 불면증, 안면신경마비, 사지관절 쑤시고 아픔
(중밉) 하복통, 발목관절통, 요페, 유정 (여구) 생식기 발기불능, 냉대하, 고환염
(중도) 하복부 경련, 하지마비, 산후출혈 (슬관) 무릎내측통, 슬관절염, 관절통풍
(곡천) 오줌이 마려운 요의빈삭, 자궁하수, 전립선염
(음포) 월경불순, 요실금, 넓적다리 안쪽 통증-폐쇄신경통
(족오리) 사타구니 부위, 엉덩이, 무릎 안쪽 얼굴, 다리의 아래쪽 및 내측 부분의 통증, 부인과 및 비뇨 생식기 질환 (음렴) 하지신경통, 유산을 자주하는 유산벽
(급맥) 하복통, 불알에 물이 차는 음낭수종 (장문) 간비종대, 구토, 뱃속의 덩어리
(기문) 늑간통, 헛배부름과 관련된 복부 측면 부위의 긴장 가벼운 변 및 설사와 관련된 소화 불량 복부 측면 부위의 통증, 담낭염

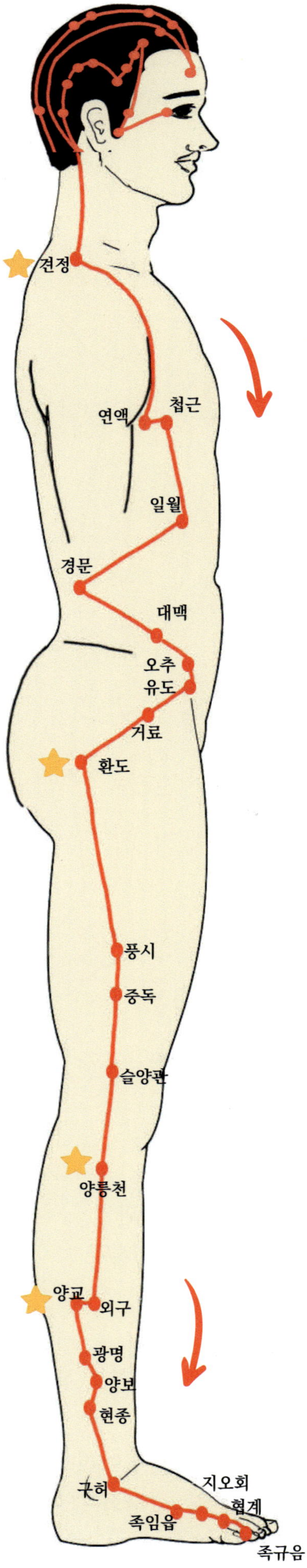

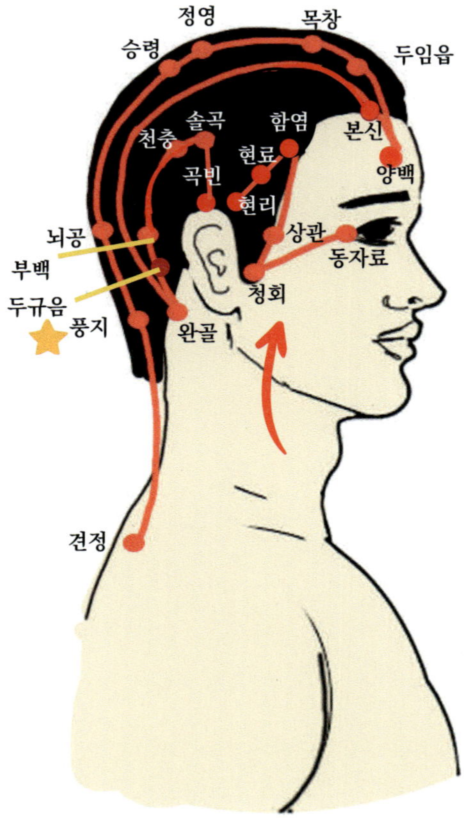

족소양담경44혈

포인트 이점

시동병: 구강 내 쓴맛, 호흡곤란, 흉부 및 옆구리 통증으로 인한 신체적 움직임 제한, 얼굴에 가벼운 검은 반점, 피부 윤기 감소, 발바닥 발열, 겨드랑이 아래 부기 및 관절통

(동자료) 눈물이 흐르는 유류, 삼차신경통, 눈의 기능 장애. 일시적인 두통, 편두통

(청회) 귀 기능 장애, 턱관절(TMJ)의 고통, 와사증

(상관) 일시적인 두통, 만성 근막 통증, 상부 아치의 치통

(함염) 편두통,모든경련 치유 혈, 만성 안면 통증

(현로) 측두근 편두통, 안면부종

(현리) 눈이 붉고 아픈 목적통, 치통, 안면부종, 신경 쇠약

(곡빈) 아관긴급, 알콜중독 경련, 귀 기능 장애

(솔곡) 모든 눈병, 현운

(천충) 전간-지랄병, 윗몸이 아픈 치은통, 갑상선 종대, 일시적인 두통
(부백) 편두통, 치통, 이명, 기관지염
(두규음) 사지경련, 흉통, 머리와 목이 아픈 두항부동통
(완골) 안면부종, 언어장애, 목이 뻣뻣하고 아픈 항강통, 난청, 기관지염
(본신) 눈이 가물가물한 목현, 목이 뻣뻣 아픈 경항부강
(양백) 안검경련, 전두통, 삼차신경통, 안검하수, 와사증
(두임읍) 현운, 코가막히는 비폐, 전간두통, 눈의 기능 장애, 안면 마비, 기억 장애
(목창) 목현, 안면부종, 뇌졸증 후유증
(정영) 구토, 현운, 머리와 목이 아픈 두항부강통
(승령) 비폐, 모든 눈병, 축농증
(뇌공) 후두통, 이명, 심계항진, 경항강직통, 고혈압
(풍지) 와사증, 불면증, 비염, 현운, 두통, 어깨와 목 부위의 통증
(견정) 반신불수, 어깨와 목 부위의 항강통, 두통, 모유 수유의 어려움
(연액) 가슴 측면 부위의 통증 및 또는 압박, 늑간 신경통, 임파선염, 견비통
(첩근) 침을 흘리는 유연, 위산과다, 가슴 측면의 통증 및 또는 긴장
(일월) 담낭의 질병, 복부와 가슴 측면의 통증 압박, 늑간 신경통
(경문) 신장염, 설사와 관련된 소화 계통의 장애, 하지통
(대맥) 부인과 질환, 가슴과 복부의 측면 부위에 통증, 방광염, 요통
(오추) 냉대하, 고환염, 요통, 이급후종-대변이 잘 나오지 않고 뒤가 문지륵함
(유도) 자궁하수, 상습성 변비, 복수, 맹장염
(거료) 위통, 하복통, 고환염, 다리에 힘이 없는 족위무력, 하지마비, 요퇴통
(환도) 요통, 골반과 엉덩이의 통증, 다리의 통증과 마비, 고혈압, 어지러움
(풍시) 요통, 골반과 엉덩이의 통증, 족위무력, 전신가려움
(중독) 무릎 골관절염, 외측 무릎 통증, 다리 마비, 다리 붓고 아픈 각기병
(슬양관) 각기병, 골반 및 부위의 통증, 편두통, 방광염
(양릉천) 가슴과 상복부 및 하복부의 통증과 압박감, 간 기 정체, 냉대하
(양교) 근육 약화, 족위무력, 얼굴이 붓는 면종
(외구) 협늑통, 광견병, 경항강통
(광명) 다리 아래쪽 외측 부위의 통증, 야맹증, 시신경 위축, 백내장
(양보) 온몸이 아픈 전신동통, 편두통
(현종) 늑간신경통, 발목 관절통, 반신불수, 좌골신경통
(구허) 좌골 신경통, 발목 측면 부위의 통증, 겨드랑이 밑의 임파선염
(족임음) 측두부의 두통, 편두통, 좌골 신경통
(지오회) 이명, 유선염, 발등이 아픈 족배종통
(협계) 협늑통, 이명, 고혈압
(족규음) 편두통, 결막염, 천식, 늑막염

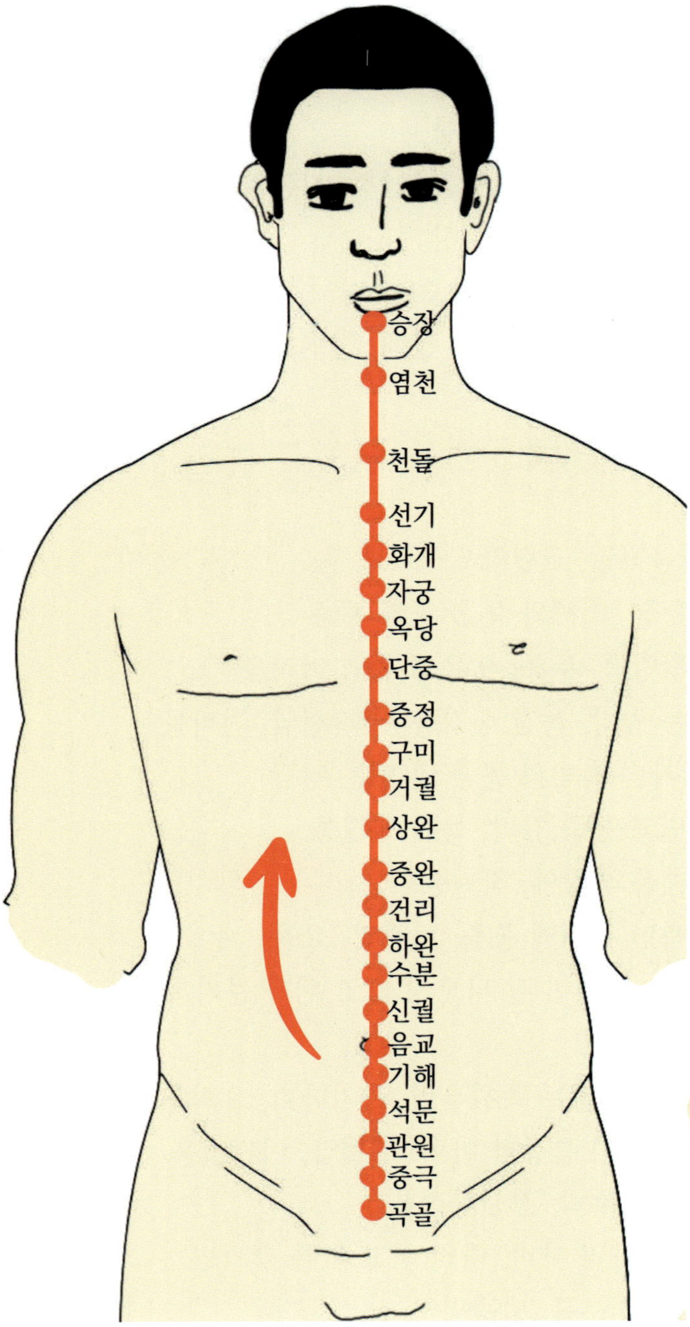

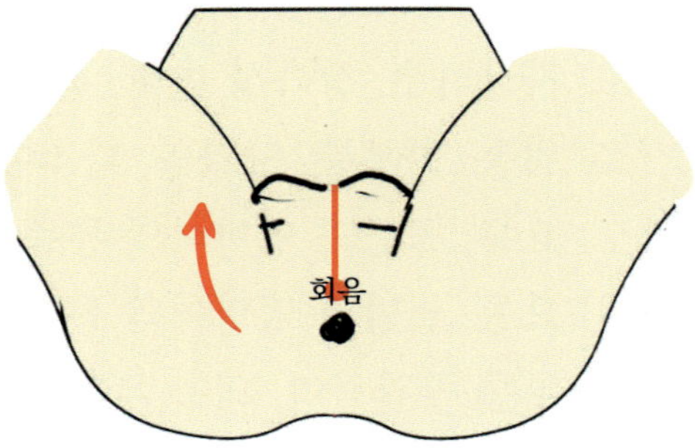

임맥24혈

포인트 이점

시동병: 지속적인 피로감이나 기력 저하가 있을 수 있습니다.

허리 통증: 허리 부위의 통증이나 불편함이 나타날 수 있습니다.

감정적 변화: 우울감, 불안감 등 정서적인 증상이 나타날 수 있습니다.

(회음) 전립선염, 치질, 고환염, 음부다한증, 유정, 정신병
(곡골) 아랫배 가스, 자궁탈수, 방광염, 냉대하, 발기치료
(중극) 월경통, 좌골신경통, 조루증, 요폐
(관원) 하복통, 설사, 요도감염증, 생리불순, 자궁탈수
(석문) 붕루, 무월경, 몸이 붓는 부종, 요폐, 몸이 찬 신냉
(기해) 신경쇠약, 배가 더부룩한 복창, 하복통, 빈뇨, 오줌을 못누는 요폐, 요통
(음교) 냉대하, 부종, 하복부냉감
(신궐) 급만성장염, 전신이 붓는 수종, 손 발이 찬 사지궐냉, 변비, 유산병
(수분) 복수, 설사, 몸이 붓는 부종, 전신이 붓는 수종, 복막염
(하완) 소화불량, 위장염, 긴장 복부
(건리) 위장, 액체 변이나 설사, 복수, 위확장, 왼쪽 젖가슴이 죄이고 아픈 협심증
(중완) 모든 위질환, 구토, 신경쇠약, 정신질환, 슬픔, 불안, 조울성, 장폐색
(상완) 횡경막 딸꾹질, 상복부팽만
(거궐) 협심통, 전간-지랄병 슬픔과 걱정, 위장 기능 장애 위장 기능 장애
(구미) 왼쪽 젖가슴을 쥐어짜듯 아픈 심교통, 각종 정신병, 급체, 심계치유혈
(중정) 음식 삼키기 어려운 연하곤란, 소아토유, 위산과다, 흉협창만 치유혈
(단중) 천식, 기관지염 해수, 각혈, 위 식도에서 피가 나오는 토혈, 갑상선 증대
(옥당) 해수, 늑간신경통
(자궁) 기관지 확장증, 흉통, 폐결핵
(화개) 목이 아픈 이후염, 흉막염
(선기) 천식, 해수, 인종, 편도선염, 식도경련
(천돌) 신경성 구토, 딸꾹질, 인후염
(염천) 실어증, 언어장애
(승장) 얼굴이 붓는 안면부종, 삼차신경통, 구내염

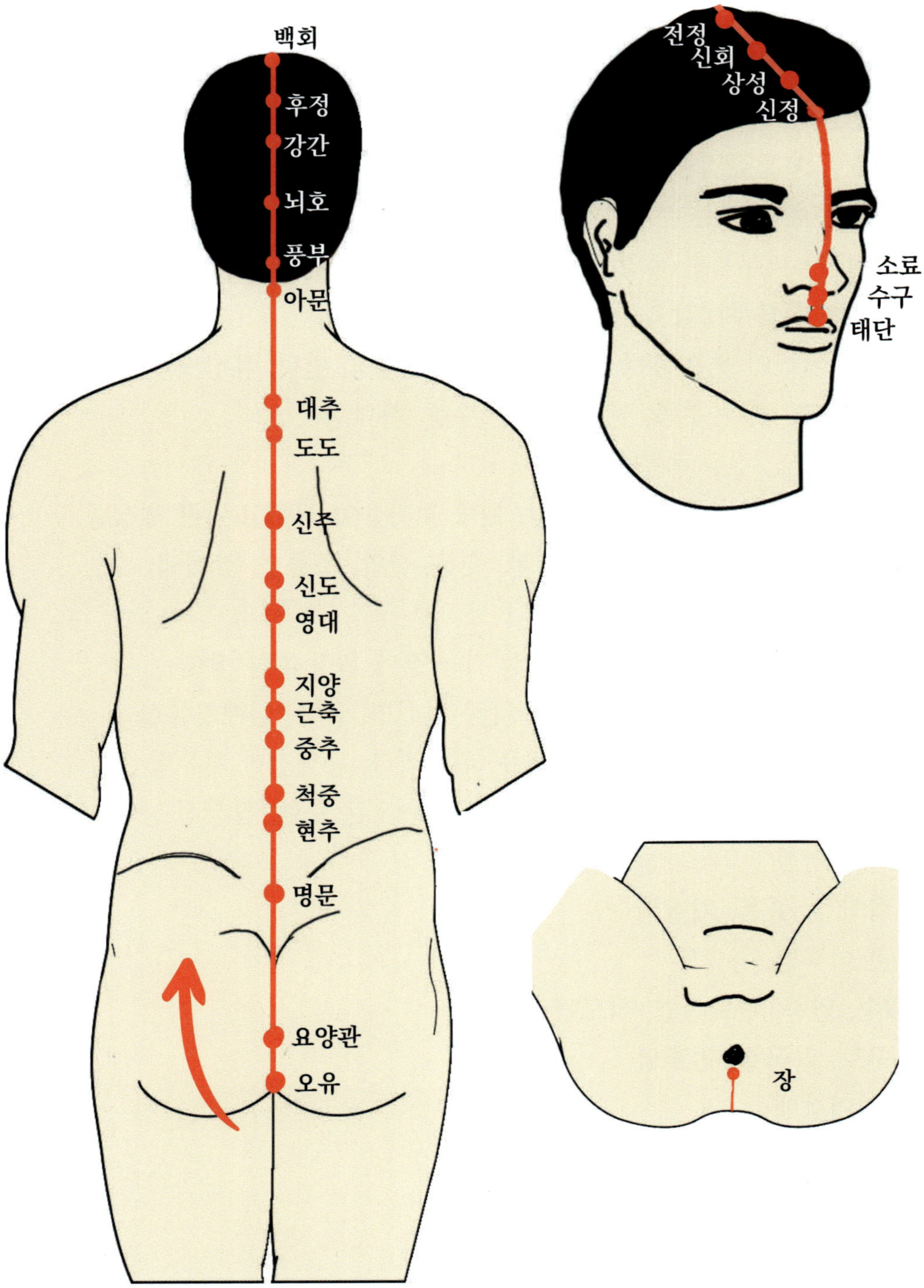

독맥28혈

포인트 이점

소화 불량이나 복부 팽만감 등의 증상, 자주 피로감을 느끼거나 감기에 잘 걸리는 경우가 있습니다.
체온 조절에 문제가 생길 수 있으며, 열이 나는 경우도 있습니다.
독맥은 신장과 관련이 깊어 허리 통증이 자주 나타날 수 있습니다.

(장강) 음낭습진, 정신분열증, 전신경련, 임산부 주의, 치질, 항문 가려움

(오유) 하지마비, 치질로 헐어 있는 치창, 요통, 요실금, 천골과 미골의 통증

(요양관) 하지마비, 유정, 생식기 발기불능, 만성장염

(명문) 요추 부위의 통증, 부인과 기능 장애, 천골통

(현추) 살시, 요추 통증, 피로와 탈진, 성기능 장애

(척중) 당뇨, 하지마비, 허리와 등이 아픈 요배부통

(중추) 위통, 식욕부진

(근축) 늑막염, 히스테리, 불면증, 각종 마비성병, 강직성 경련허리

(지양) 담도에 회충이 들어 있는 담도회충증, 전신권태, 황달, 피부에 은가루 같이 떨어지는 은설병

(영대) 모든 심장병, 담도회충증

(신도, 신주) 극도의 피로, 소아경풍, 언어불능증, 흉배통, 기관지염

(도도) 발열, 머리가 무거운 두중, 모든눈병

(대추) 피부소양증, 담마진-두드러기, 일사병, 폐에 관련

(아문) 뇌성마비, 대뇌발육부진, 후두통, 항강

(풍부) 경항강통, 사지마비, 언어불능증, 혈압항진증

(뇌호, 강간, 후정) 현운, 불면증, 두통 뒤목이 뻣뻣하고 통증 항부강직통

(백회) 두통, 현운, 고혈압, 전간-지랄병, 불면증, 이명, 이농, 자궁이 처지는 자궁탈수

(전정) 안면이 붉고 붓는 안면적종, 소아경기, 몸이 붓는 부종, 전간-지랄병

(신회) 안면창백, 신경쇠약, 현운, 비염

(상성) 안면충혈, 안통, 각막염

(신정) 모든 정신병, 간질, 현운

(소료) 쇼크, 안면창백 졸도, 딸기코

(수구) 혼미, 일사병, 전간, 정신분열, 안면부종, 구취, 눈 입 근육경련

(태단) 구취, 구내염

(은교) 허리를 삐끗, 비색, 구강궤양, 윗몸이 붓고 아픔-치육종통

BALINES SLING DESIGNER

발리너스 자체 제작한 발리너스 슬링

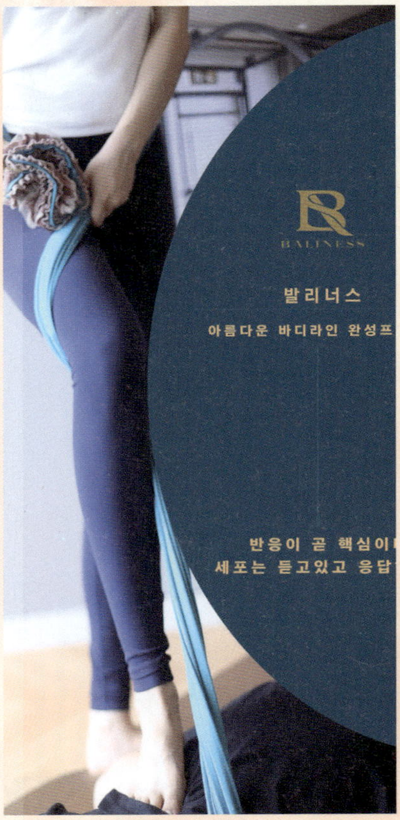

- 이 제품은 패션 디자이너와의 협업을 통해 제작된 것이다
- 편안함: 이 소재는 착용 시 편안함을 느낄 수 있도록 설계되었다.
- 자체 제작: 제품은 자체적으로 제작되었으며, 이는 브랜드의 독창성을 강조하는 요소이다.
- 신축성: 제품은 몸에 밀착되는 탄력을 갖고 있다.
- 부드러운 감촉으로 주로 속옷에 사용되는 유기농 코튼으로 제작되었다.
- 몸에 밀착되는 탄력을 갖고 있다.
- 5가지 컬러로 다양하게 구성되어 있다.

BALINESS SLING
HOW IT WORKS

슬링3대 접촉 지점: 힘점 + 받점 + 작용점

슬링의 기본 원리

- 슬링의 활용: 슬링을 활용한 발 파동의 원리는 작용과 반작용 원리를 기반으로 한다.
- 에너지 사용: 이 기술은 적은 에너지로 전신을 흔드는 효과를 제공한다.
- 기술의 목적: 슬링 기술은 신체의 다양한 부위를 효율적으로 자극하여 운동 효과를 극대화하는 것을 목표로 한다.
- 운동의 기초: 슬링을 통해 발 파동을 생성함으로써, 신체의 균형과 조정 능력을 향상시킬 수 있다.

Ways of relax your mind & body

슬링효과

발리너스 슬링은 긴 끈을 활용하여 파동을 발생시킴으로써, 신체에 축적된 가스를 배출하고 염증을 완화하는 혁신적인 방법입니다.

• 근육 긴장 완화

12경락선을 따라 스트레스가 있는 근육 조직의 긴장을 덜어준다. 신체의 긴장을 완화하고, 전반적인 편안함을 증진시키는 데 기여한다.

• 스트레스 감소 및 면역 강화

12경락선의 혈점을 찾아 에너지를 보내면서 스트레스의 육체적, 정신적 영향을 크게 감소시킨다.

• 면역 체계를 강화하는 데 도움을 준다.

정신적 스트레스가 줄어들면, 신체적 건강도 함께 개선되는 경향이 있다.

• 신체 기능 개선

신경 압축을 감소시키고, 관절 공간을 넓히며, 운동 범위를 넓힌다.
관절의 가동성이 증가하면, 부상 예방에도 효과적이다.

• 혈액 및 림프 순환 촉진

혈액 순환을 돕고, 산소와 영양소가 근육 세포에 전달되는 방식으로 림프순환과 노폐물 배출에 도움을 준다.
혈액 순환이 원활해지면, 신체의 에너지 수준이 증가하고, 피로 회복이 촉진된다. 림프 순환의 개선은 면역력 강화와 독소 제거에 기여한다.

• 통증 완화 및 회복 지원

섬유 근육 통증을 줄이며, 부상 회복을 돕는다.
관절 통증, 뻣뻣함, 아픔 및 상해를 줄여주는 효과가 있다.
부상 회복 과정에서 정신적 안정도 함께 제공된다.

• 정신적 안정 및 수면 개선

무기력과 불안함, 우울증의 증상을 줄여 준다.

외상후 스트레스 장애(분노, 불안, 수면 부족) 회복을 돕는 데 효과적이다.

• 자기 가치 향상

자기 가치의 감정을 향상시키는 데 도움을 준다.

자기 가치가 높아지면, 사회적 관계와 일상 생활에서도 긍정적인 영향을 미친다.

• 신체 에너지 조절

신체 에너지를 조작하여 스스로 치유할 수 있도록 자극한다.

신경, 근육 및 경혈 지점을 자연스럽게 흔들어 스트레칭하고, 경락을 깨우며 긴장된 지점에 자극을 준다.

• 전문 지식 활용

시간이 지남에 따라 신체 상태를 개선하고 건강을 유지하는 데 BALINESS 지도자들의 전문 지식을 활용할 수 있다.

전문가의 지도를 받으면, 신체적, 정신적 건강을 보다 효과적으로 관리할 수 있다.

SLING HOW TO USE

자극의 법칙

자극의 방법에 따라 신경이나 내장기능에 주는 영향이 다르다.
자극의 종류에 따라 신체의 반응이 상이하게 나타난다.
신경계와 내장기능의 상호작용이 중요하다.
자극의 강도에 따라 기능의 활성화 또는 억제가 이루어진다.

약한 자극의 효과

기능을 활성화시킨다.
두뇌계 감각계의 기능을 완화한다.
신경 흥분을 억제한다.
신경계의 안정성을 유지하는 데 기여한다.
약한 자극은 정신적 및 신체적 이완을 유도할 수 있다.

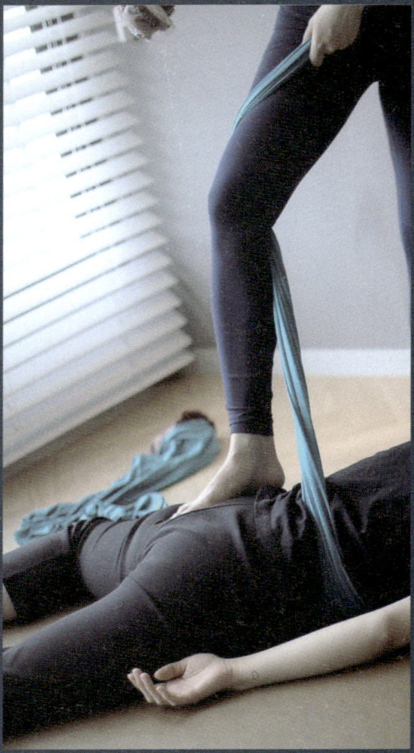

보통 자극의 작용

기능을 억제한다.
내장기능의 이상에 의한 흥분을 억제한다.
근육을 이완시킨다.
몸의 조직을 조정한다.
신체의 균형을 유지하는 데 중요하다.
보통 자극은 신체의 피로 회복에 도움을 줄 수 있다.

강한 자극의 결과

기능을 정지시킨다.
강한 자극은 신체에 부정적인 영향을 미칠 수 있다.
신경계의 과도한 반응을 유발할 수 있다.
강한 자극은 치료적 접근에서 신중하게 사용되어야 한다.

슬링 발 터치 모양

1 발 전체 사용
가볍게 파동

2 발 옆날로 자르기

3 발 앞부분
눌러 파동

4 엄지발가락 전체
꾸욱 누르기

전신사용예시

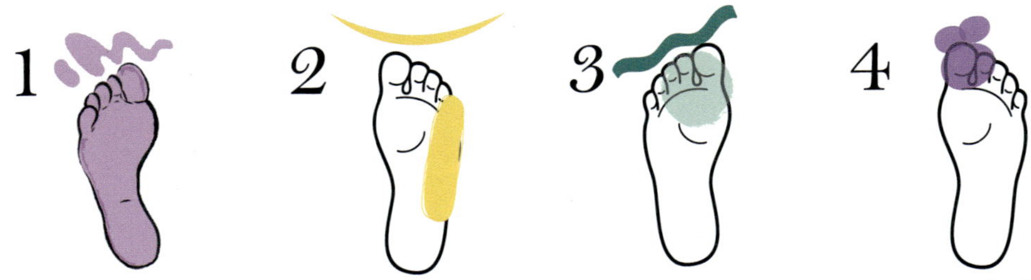

전체 체중의 10~20%
무게 실어
가볍게 전체
흔들기

전체 체중의 5~10%
무게 실어
자르기

전체 체중의 10~20%
무게 실어
살짝 눌러 흔들기

전체 체중의 부위별
따라 2~30% 무게 실어
꾹욱 누르기

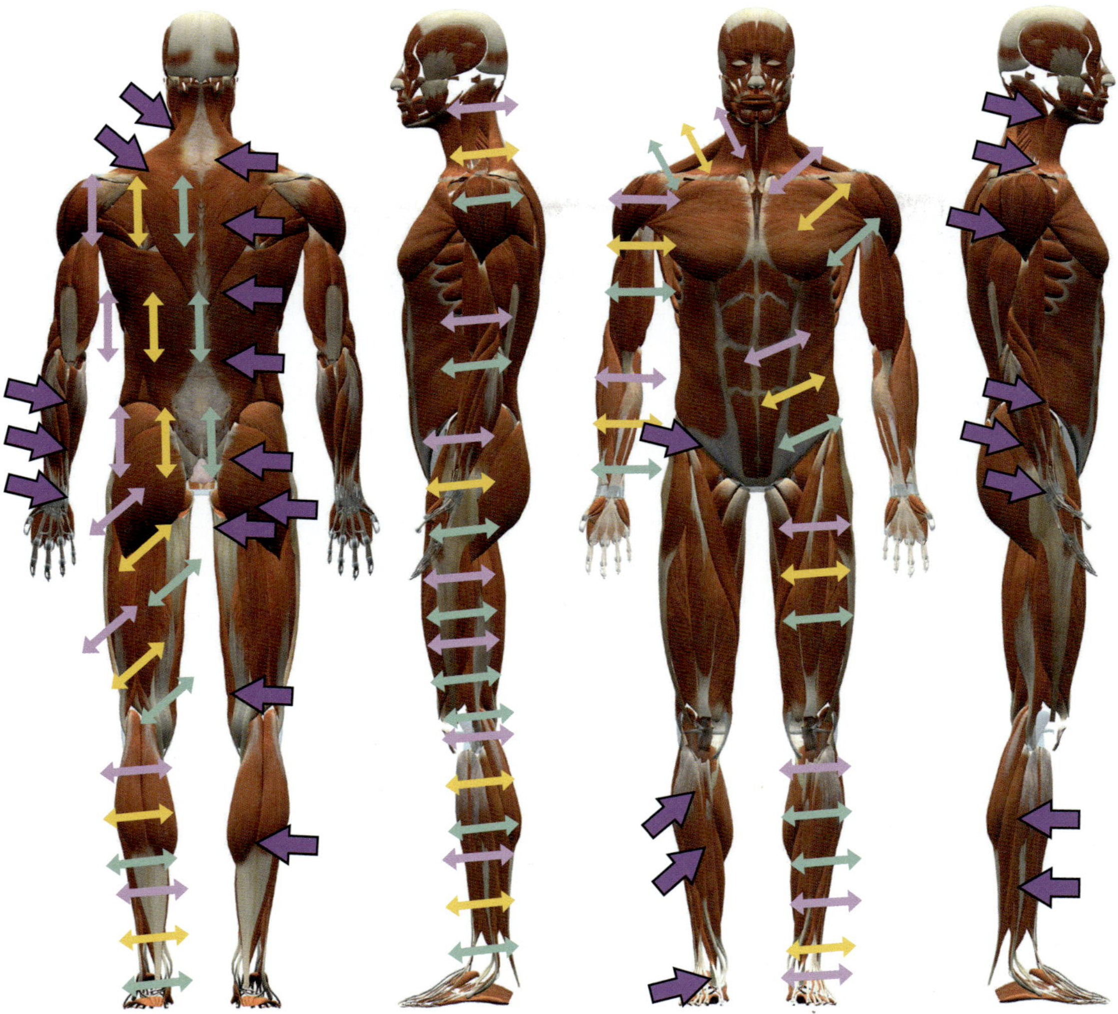

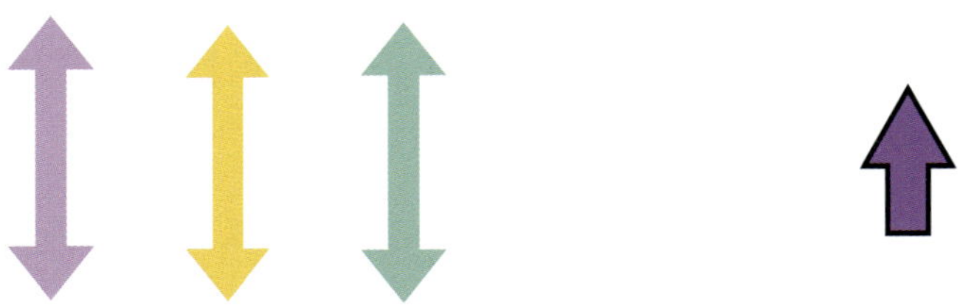

화살표 방향으로 앞, 뒤로
작용 반작용 원리

지그시 앞으로 밀어주기

SLING WEAR STYLE

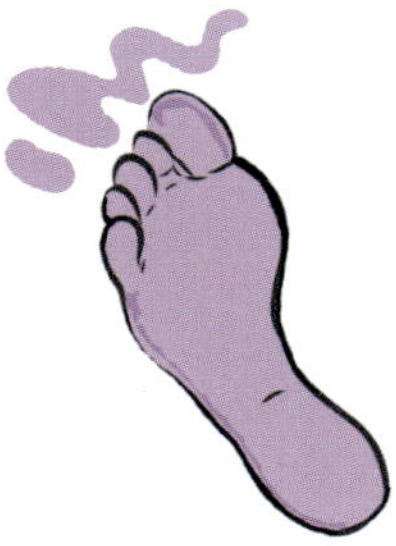

슬링의 첫 단계에서 발바닥 앞 전체를 활용하여 신체의 큰 부위에 적용하는 기법입니다. 이 방법은 최소한의 힘으로도 시원함을 느낄 수 있도록 설계되어 있으며, 효과적인 긴장 완화와 혈액 순환 촉진에 기여합니다.

사용 부위
엉덩이 큰 근육
어깨 바깥 라인
종아리 전체
옆구리 라인
뒤 허벅지 전체

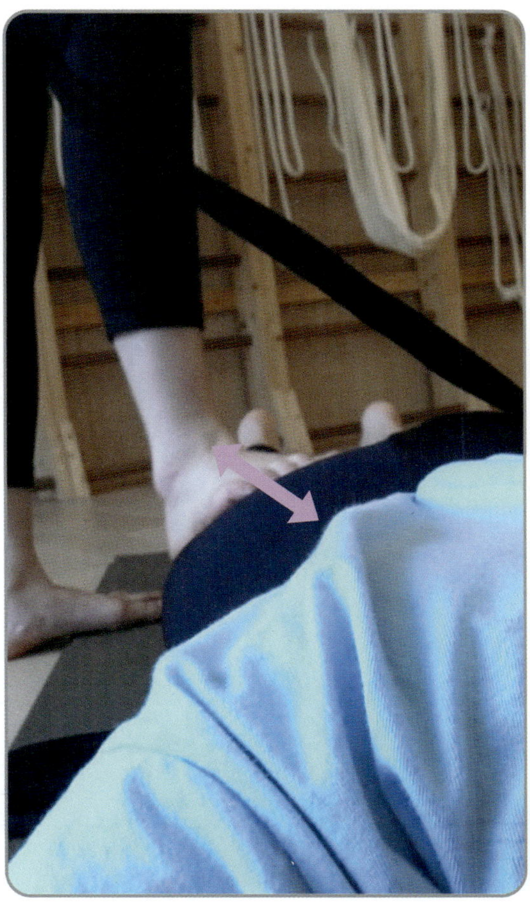

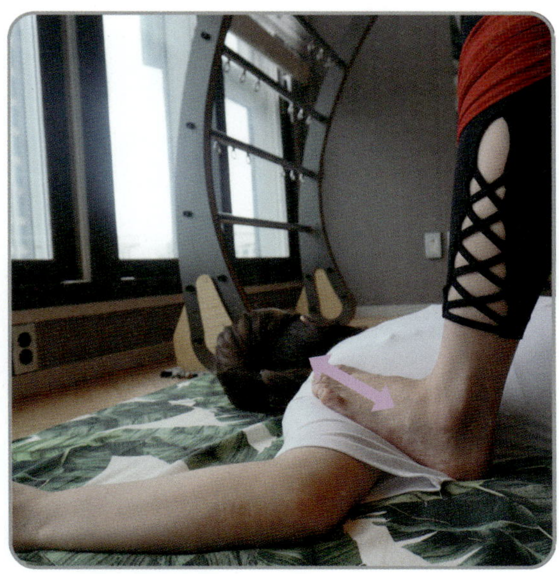

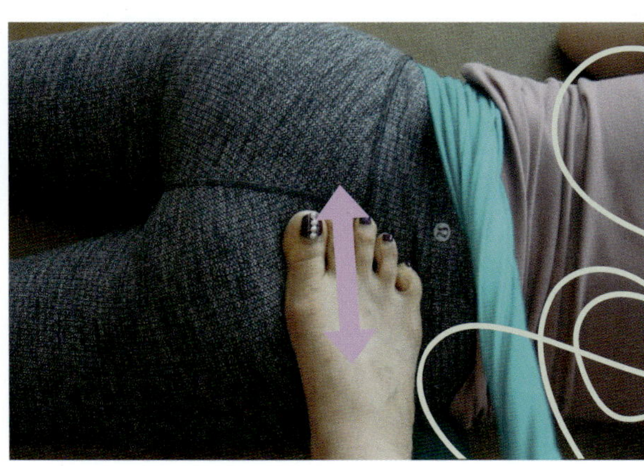

SLING WEAR STYLE

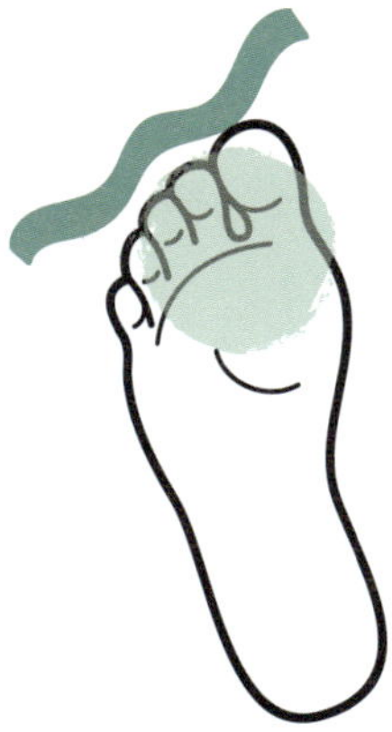

발바닥 앞 부분 전체를 활용하여 신체의 큰 부위, 중간부위에 적용하는 기법입니다. 이 방법은 최소한의 힘으로도 시원함을 느낄 수 있도록 설계되어 있으며, 효과적인 긴장 완화와 혈액순환 촉진에 기여합니다.

사용부위
엉덩이 큰 근육
팔 전체 라인
종아리 전체
옆구리 라인
안쪽 허벅지 전체
좌골뼈 주위

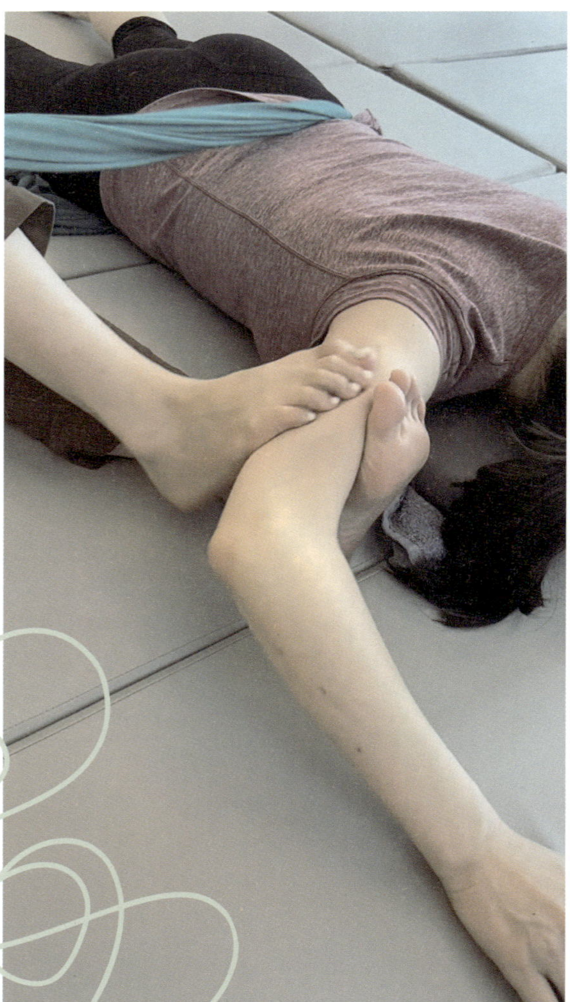

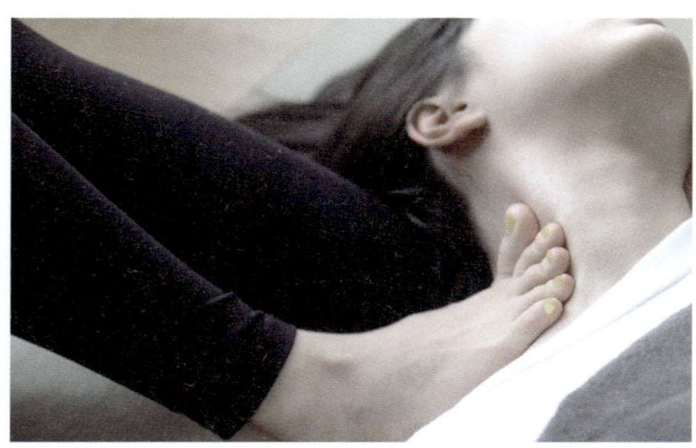

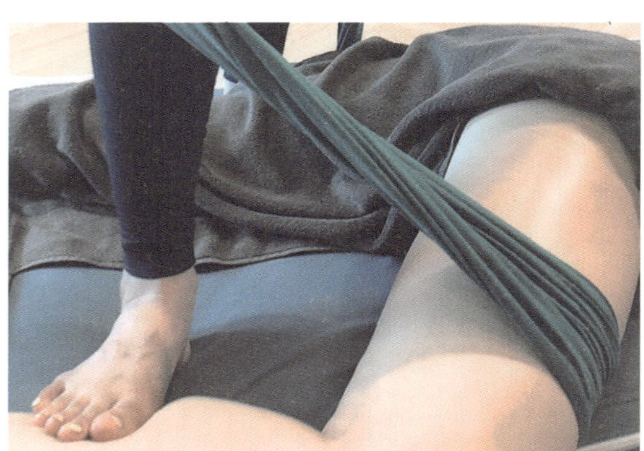

SLING WEAR STYLE

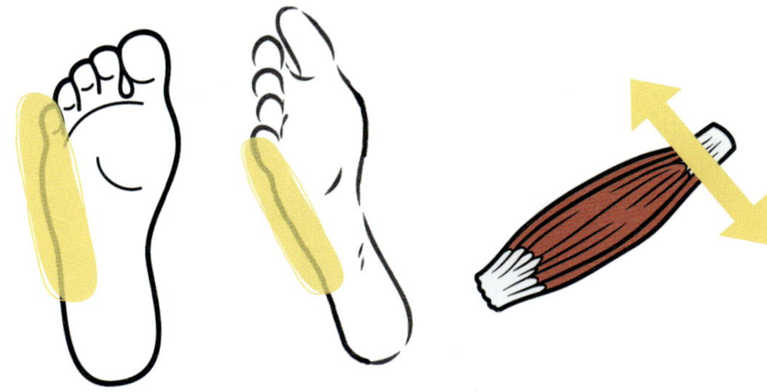

슬링 발 바깥 라인 사용

발바닥의 새끼 발가락 옆 부분에 긴장되고 경직된 부위에 대해, 슬라이스하듯이 부드럽게 눌러 밀어주는 방법으로 접근합니다. 이 과정은 해당 부위의 긴장을 완화하고, 혈액 순환을 촉진하는 데 효과적입니다.

사용 부위

근육과 관절 사이
근육과 근육 사이
뼈와 뼈 사이

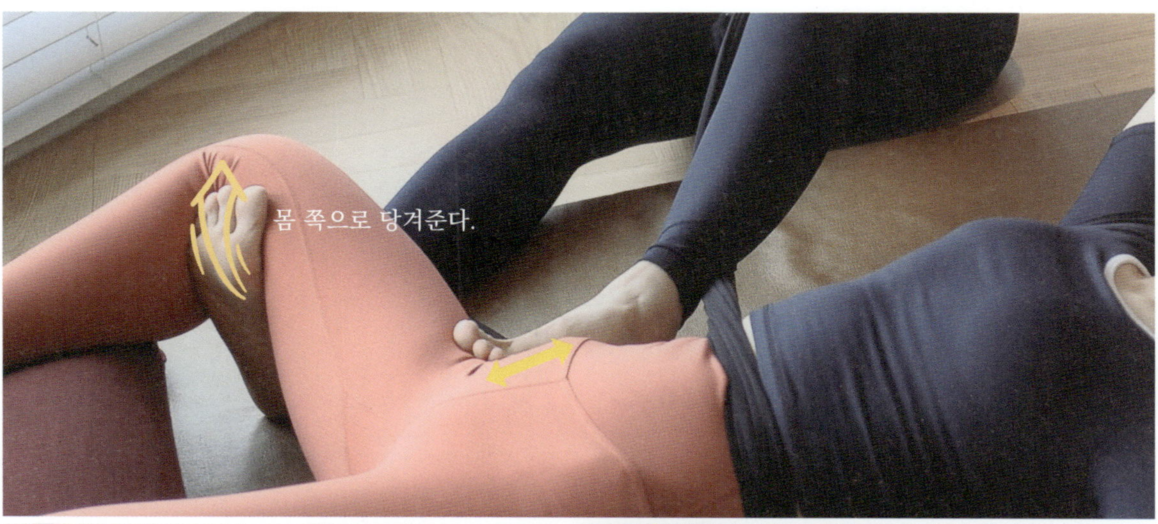

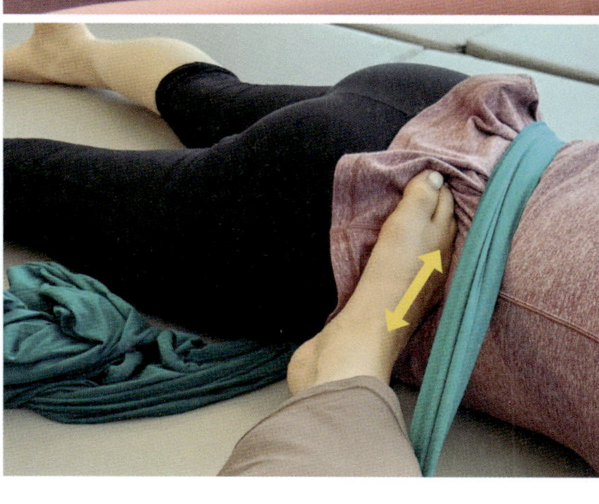

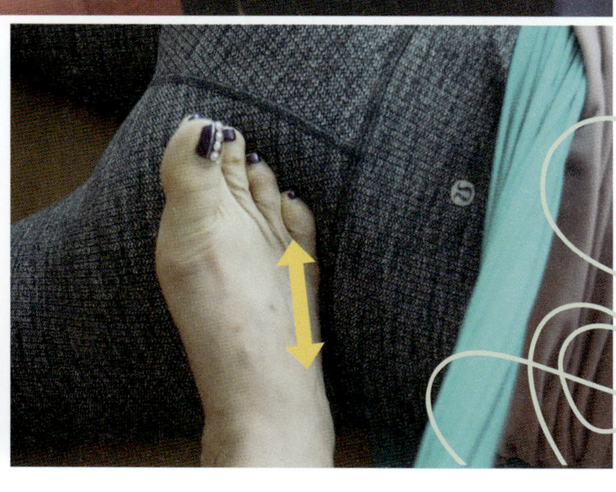

SLING WEAR STYLE

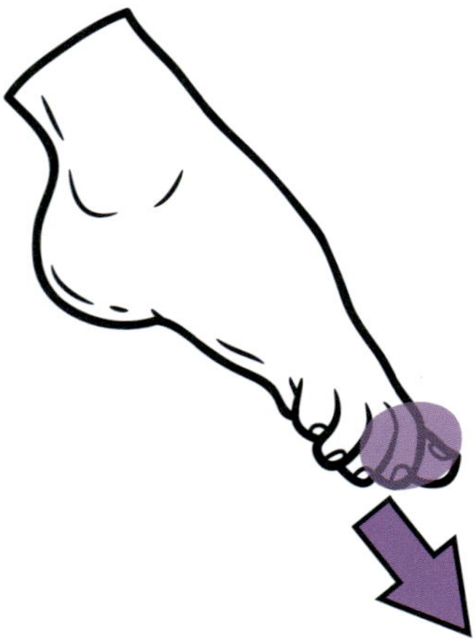

슬링 포인트 부위와 발바닥 앞 부분을 활용하여 신체의 작은 부위에 적용하는 기법입니다. 특히, 트리거 포인트 부위에 집중하여 자극함으로써 통증 완화 및 근육 이완을 도모할 수 있습니다. 이러한 접근은 통합적인 신체 치료에 기여합니다.

사용 부위
고관절 앞 라인
어깨 위쪽 라인
목 옆선 라인
팔 바깥 라인
등 라인
발바닥 라인

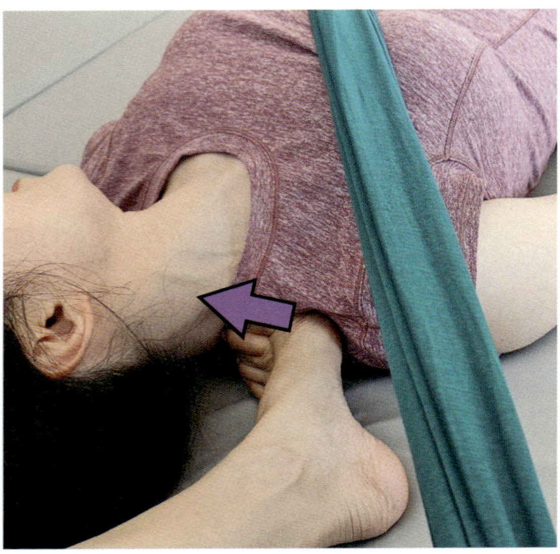

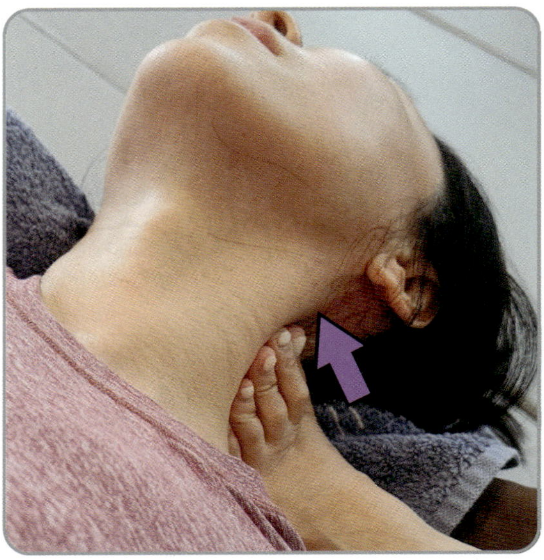

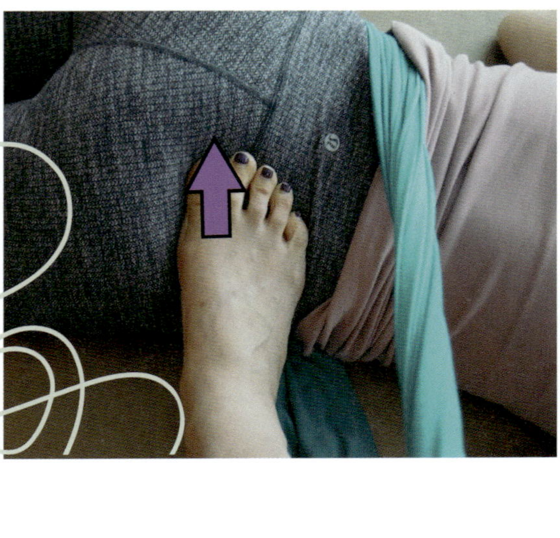

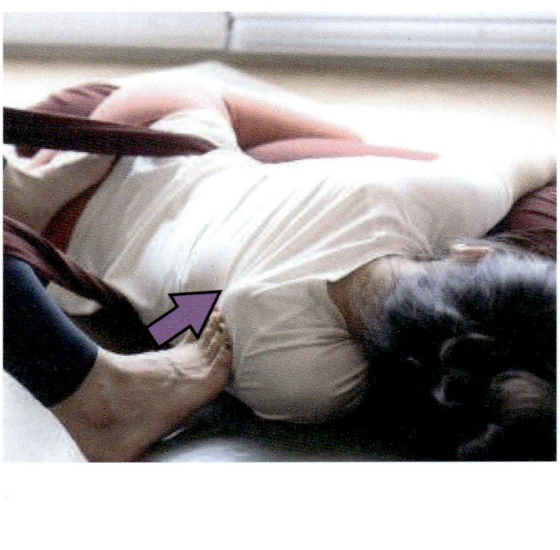

SLING WEAR STYLE

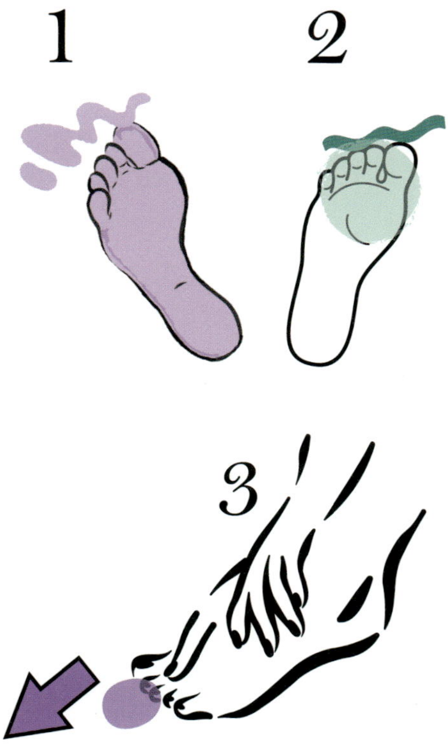

슬링을 활용하여 두 발을 동시에 사용하는
기법입니다. 발바닥 앞 부분의 마디 처음과 끝에
위치시켜 파동을 주거나, 한쪽 발은 지지하면서
다른 쪽 발로 파동을 전달하는 방식입니다.

슬링 스트레칭 시에는 슬링에 팔과 다리를
연결하여 무게 중심 이동을 지원하며, 한쪽 발은
바닥에 지지하고 다른 쪽 발은 이완하고자 하는
부위에 대고 파동을 주는 방법을 적용합니다.
이 과정은 신체 외부 전체 라인을 아우르는
효과적인 접근법입니다.

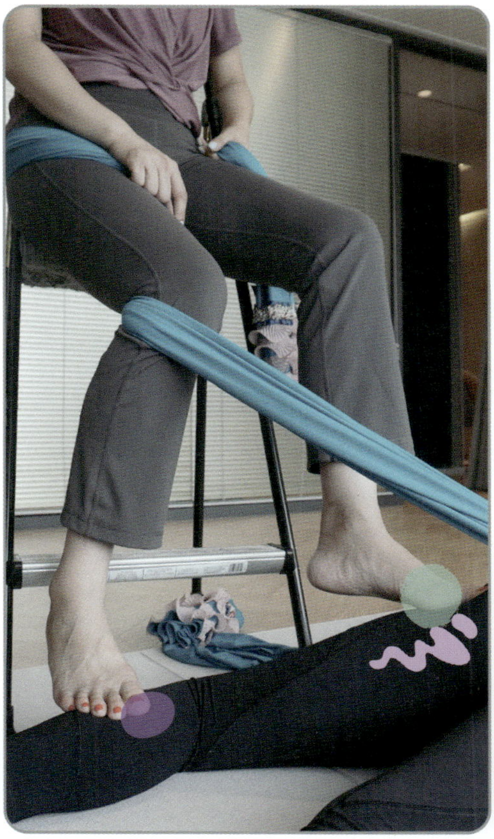

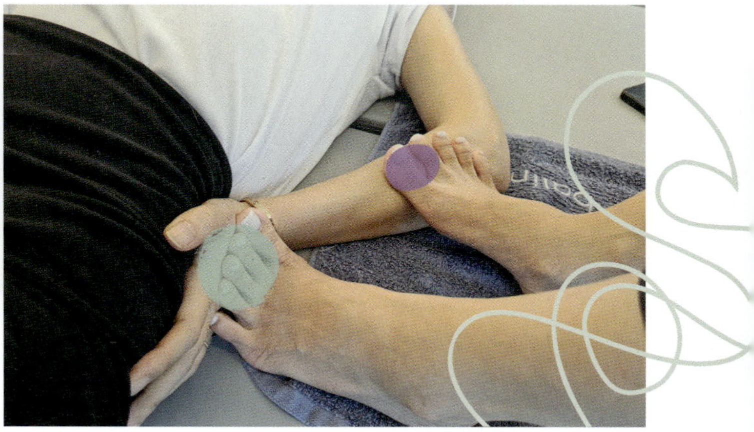

BALINESS

LINE

신체는 여러 가지 중요한 요소로 이루어져 있습니다. 여기에는 근육, 혈관, 신경, 림프계, 인대, 근막 등이 포함됩니다. 이들 요소는 서로 연결되어 있어 신체의 기능과 건강을 유지하는 데 도움이 됩니다. 예를 들어, 근육과 인대는 관절이 움직일 수 있도록 도와주고, 혈관과 림프계는 영양분과 노폐물이 잘 순환되게 합니다. 신경계는 이러한 구성 요소들 간의 상호작용을 조절합니다.

신체의 주요 라인

신체는 다음과 같은 주요 라인으로 나눌 수 있습니다:
팔 라인: 팔의 형태와 움직임을 결정하여 균형과 안정성에 기여합니다.
어깨 라인: 상체의 자세와 움직임에 영향을 미쳐 전체적인 균형을 유지합니다.
허리 라인: 상체와 하체를 연결하는 중심축으로, 유연성과 동작의 원활함을 좌우합니다.
다리 라인: 신체의 기반이 되어 자세와 이동성에 기여합니다.

각 라인은 서로 연결되어 전체적인 균형과 조화를 이루며, 동작의 유연성과 효율성을 높이는 데 도움이 됩니다. 이러한 조화로운 연결은 부상 위험을 줄이고 신체 활동의 질을 높이며, 미적 완성도와 기능성 모두에 중요한 역할을 합니다.

파동과 라인의 관계

파동은 신체의 움직임과 상태에 영향을 미치는 힘의 흐름을 의미합니다. 이 흐름은 신체전반에 유기적인 영향을 미치며, 특정 부위에 국한되지 않습니다. 예를 들어, 어깨와 팔의 움직임은 등과 허리의 파동에 연결되어 있으며, 이는 다리와 발의 균형에도 영향을 미칩니다.

이처럼 신체 구성 요소 간의 연결성과 파동의 흐름은 건강한 신체 활동을 위해 매우 중요합니다. 파동이 특정 부위에 집중될 경우 그 부위의 기능이 강화되지만, 연결성이 약해질 수 있습니다. 반대로, 파동이 고르게 흐르면 전체적인 균형이 유지됩니다. 그러므로 이 두 개념을 잘 이해하는 것이 중요합니다.

슬링 착용법
HOW TO
SLING

"preparatory stage for sling care"

슬링 착용의 중요성과 방법

시술자 준비 단계: 이 단계는 시술의 성공적인 진행을 위한 기초 작업으로, 이후 단계의 원활한 진행을 보장한다.
지도자의 역할: 지도자는 시술자를 준비된 슬링 위에 골반 앞 라인에 맞춰 엎드리게 한다.
슬링 위치: 슬링은 시술자의 골반 앞에 위치해야 하며, 정확한 위치 조정이 필요하다.
시술자의 자세: 시술자는 엎드린 자세로 준비되어야 하며, 이는 시술의 안전성과 효과성을 높이는 데 중요하다.

왼쪽 발 사용 시 주의사항

- 반대 시행: 왼쪽발 사용시 반대로 시행한다는 지침이 있다.
- 상황에 따른 조정: 왼쪽 발을 사용할 경우, 모든 동작은 반대 방향으로 진행되어야 한다.
- 주의 사항: 이 지침을 준수하지 않으면 시술의 효과가 감소할 수 있다.
- 시술자의 이해: 시술자는 이러한 지침을 충분히 이해하고 있어야 하며, 실수로 인한 부상을 예방해야 한다.

오른쪽 골반 풀기 방법

- 상황 설명: 예) 오른쪽 골반을 풀 경우 시술자의 오른편에 서서 왼쪽슬링을 들어야 한다.
- 슬링 조작: 왼쪽 슬링을 들어 지도자의 오른 허리 뒤로 한번 돌리는 과정이 필요하다.
- 위치 조정: 이 과정에서 시술자의 위치와 슬링의 위치가 정확해야 한다.
- 효과적인 시술: 올바른 방법으로 골반을 푸는 것은 시술의 효과를 극대화하는 데 기여한다.

오른다리와 슬링 조작

- 다리 조작: 지도자의 오른다리를 들어 슬링 밖에서 안으로 다리를 넘긴다.
- 오른손 사용: 오른손이 슬링을 잡는 과정이 포함된다.
- 슬링의 역할: 슬링은 시술자가 안정적으로 작업할 수 있도록 돕는 도구이다.
- 정확한 동작: 이 단계에서의 정확한 동작은 시술의 성공에 필수적이다.

슬링 조작 마무리

- 슬링 조작: 잡은 오른손으로 왼쪽 허리슬링을 앞으로 돌린다.
- 슬링 위치 조정: 오른쪽 슬링 사이로 끼우는 과정이 필요하다.
- 마무리 단계: 이 단계는 시술의 마무리 작업으로, 모든 조작이 올바르게 이루어졌는지 확인해야 한다.
- 시술의 완성: 슬링 조작이 완료되면 시술이 성공적으로 마무리된 것으로 간주된다.

SLING WEAR ORDER

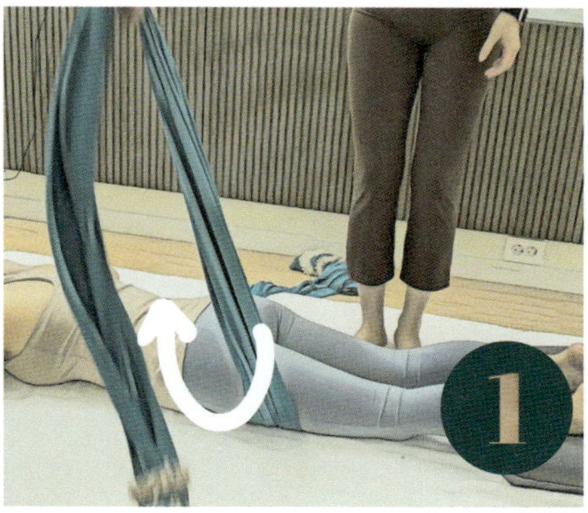

1. 지도자는 시술자를 준비된 슬링 위에 골반 앞 라인에 맞춰 엎드리게 한다.

*왼쪽발 사용시 반대로 시행한다.

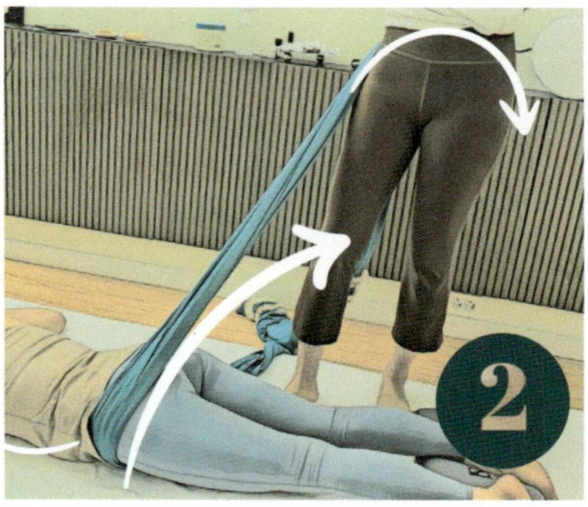

2. 예) 오른쪽 골반을 풀 경우 시술자의 오른편에 서서 왼쪽슬링을 들어 지도자의 오른 허리 뒤로 한번 돌린다.

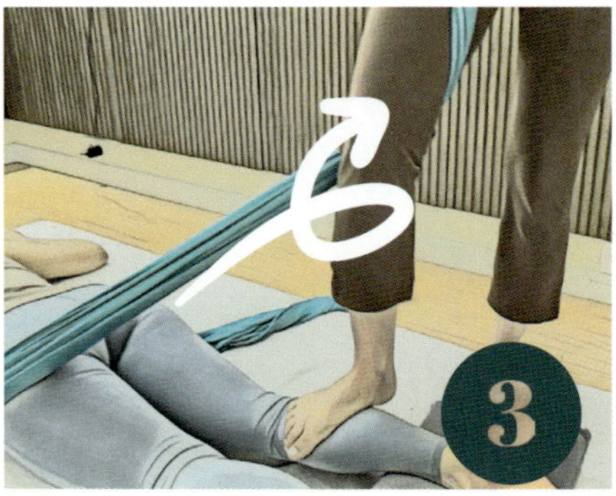

3. 지도자의 오른다리를 들어 슬링 밖에서 안으로 다리를 넘긴 후 오른손이 슬링을 잡는다.

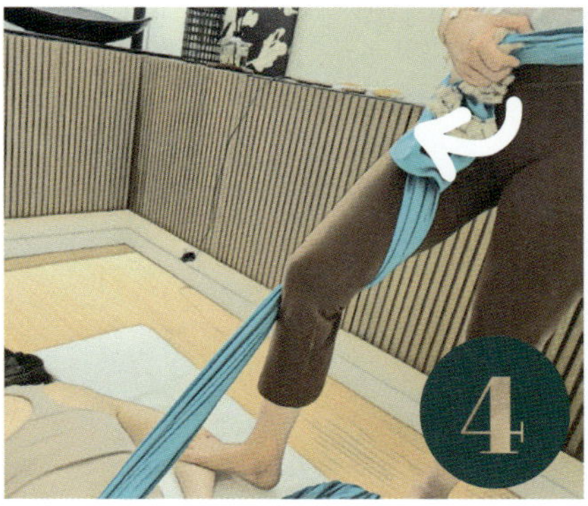

4. 잡은 오른손으로 왼쪽 허리슬링을 앞으로 돌려 오른쪽 슬링 사이로 끼운다.

Stand Up
Lower
Body
Line

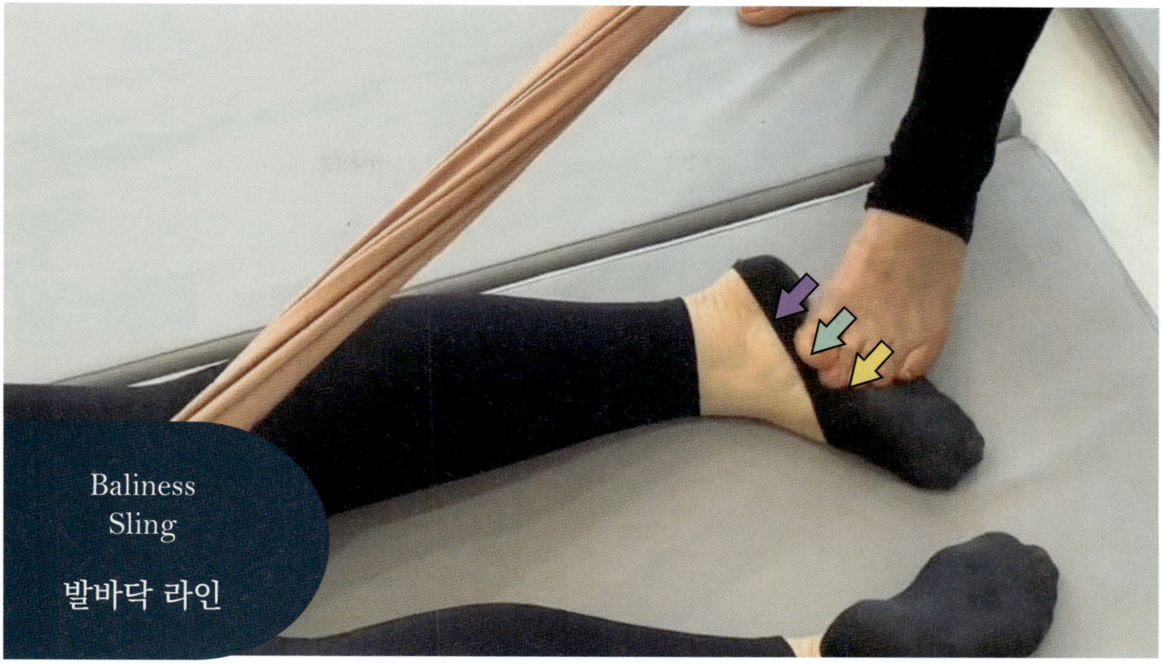

반대 방향으로 가볍게 압력을 가하면서 체중의 약 10%를 이동시켜 주십시오. 이 과정에서 파동 현상은 발생하지 않아야 합니다. 만약 통증을 느끼실 경우, 즉시 동작을 중단하시기 바랍니다.

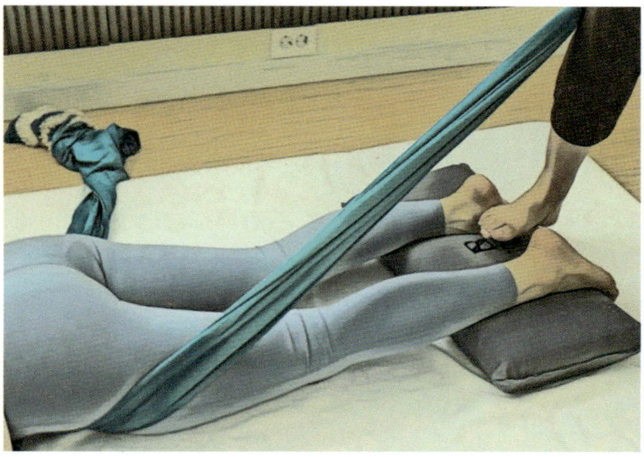

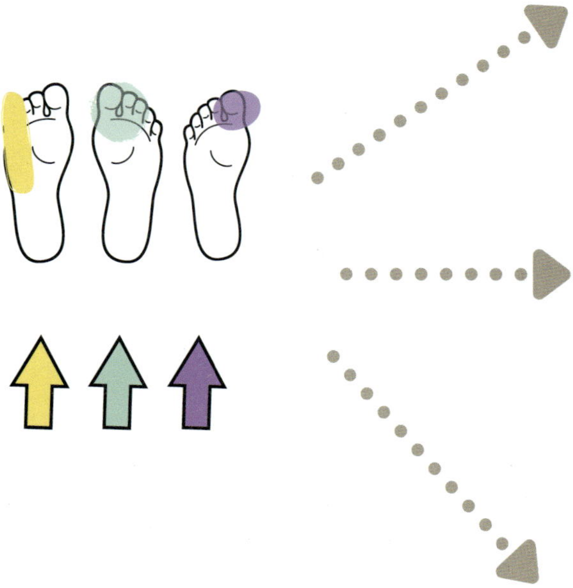

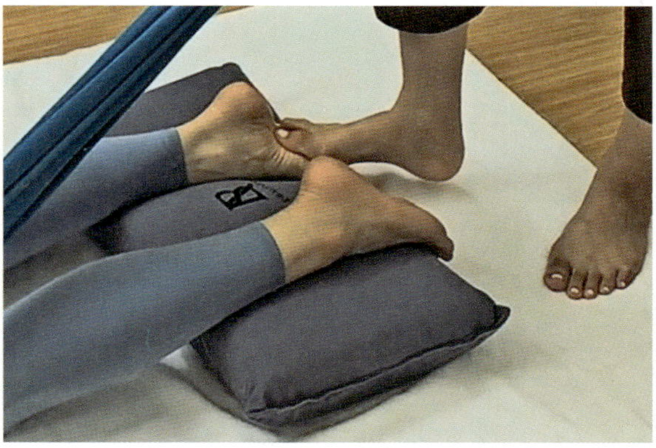

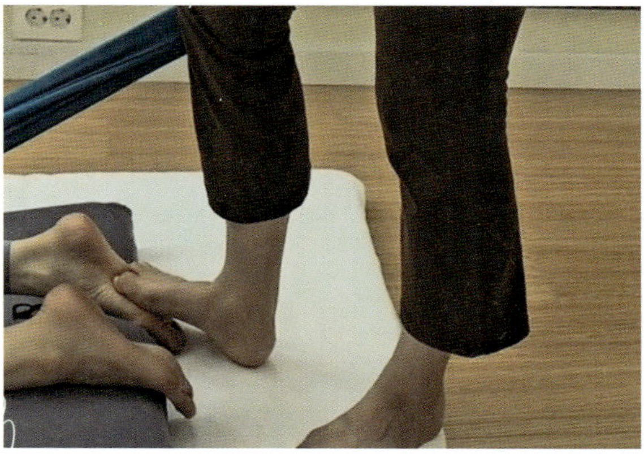

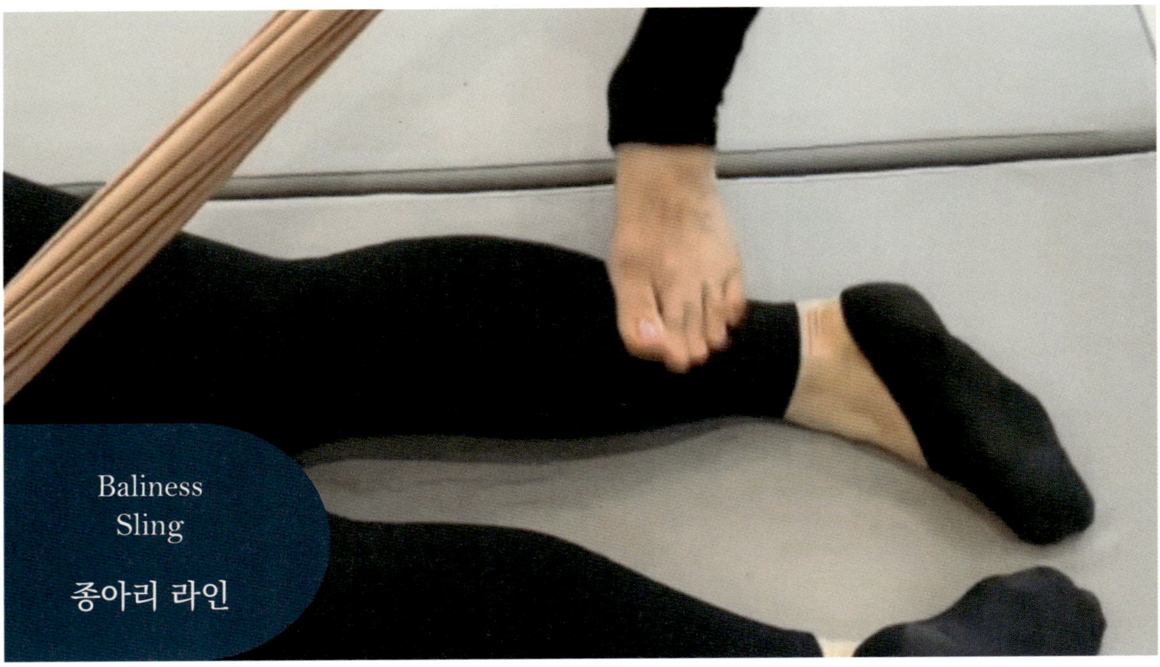

반대 방향으로 가볍게 압력을 가하면 슬링의 반작용으로 인해 화살표 방향으로 돌아오게 됩니다. 이 과정에서 통증이 느껴지신다면, 1번의 전체 동작을 부드럽게 반복해 주세요.

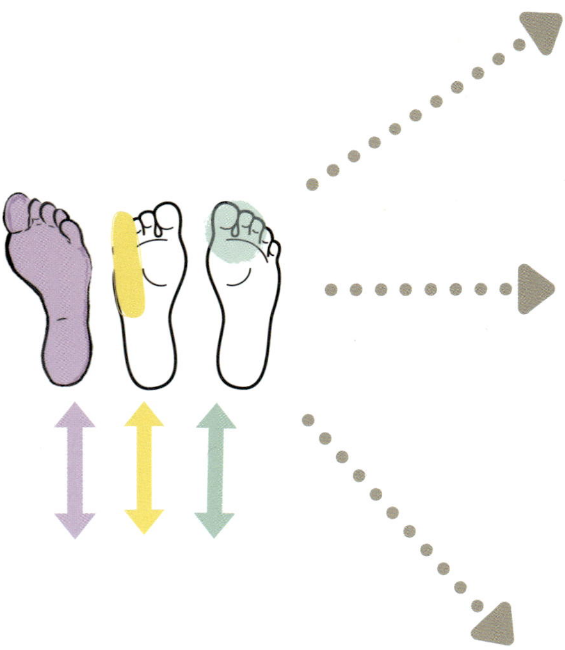

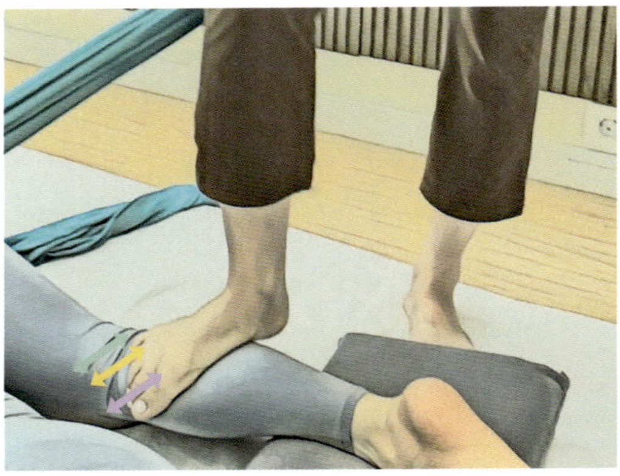

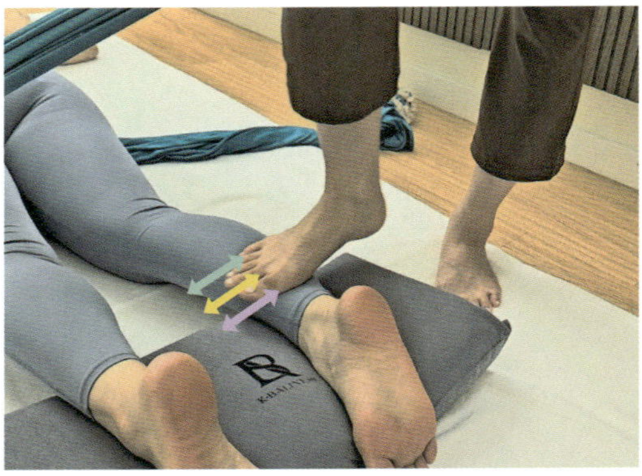

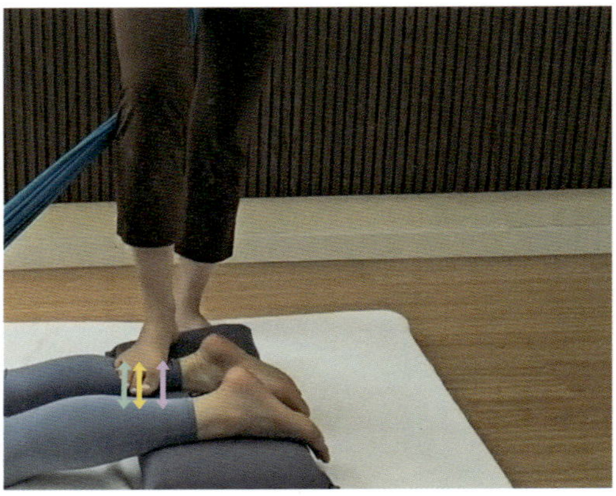

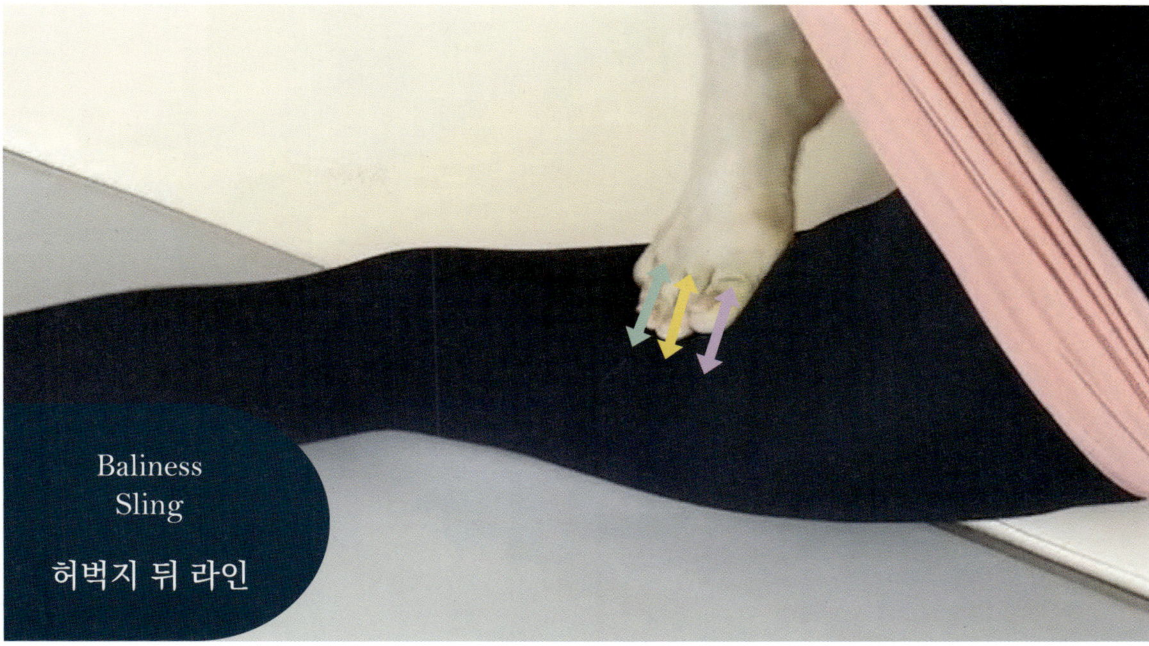

반대 방향으로 가볍게 압력을 가하면 슬링의 반작용으로 인해 화살표방향으로 돌아오게 됩니다. 이 과정에서 통증이 느껴지신다면, 1번의 전체 동작을 부드럽게 반복해 주세요.

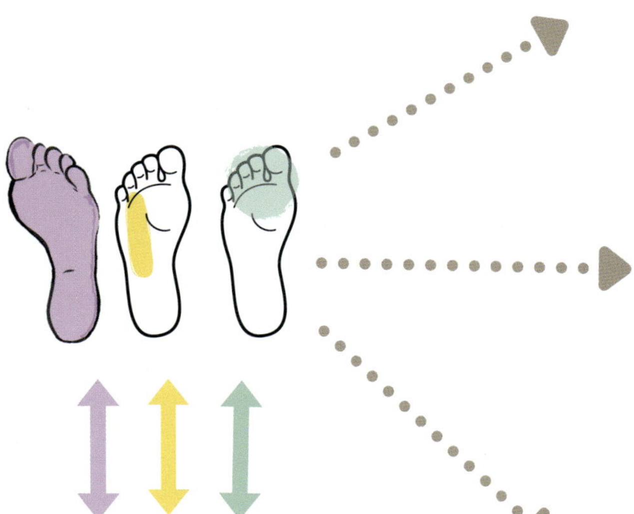

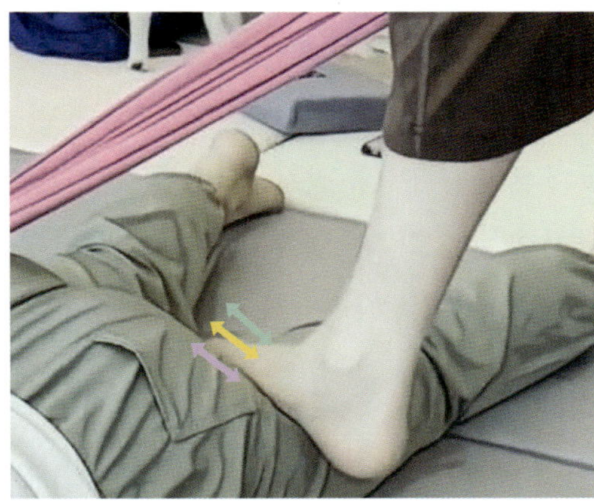

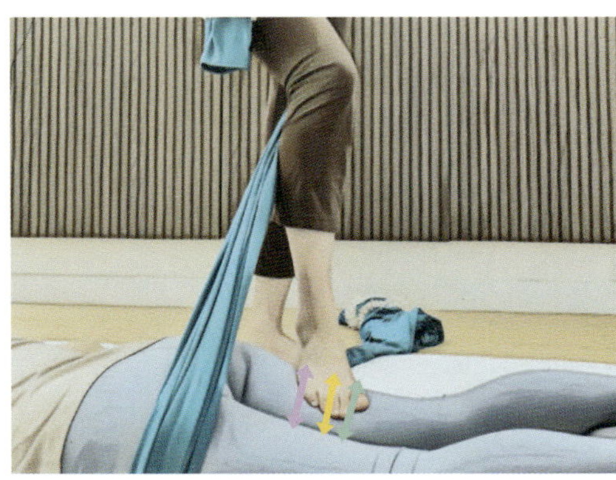

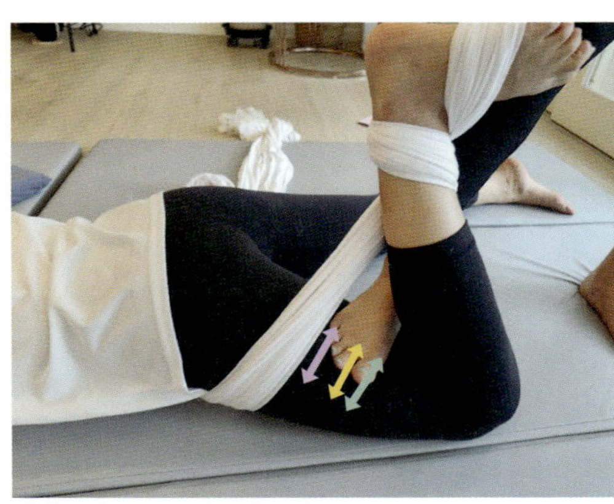

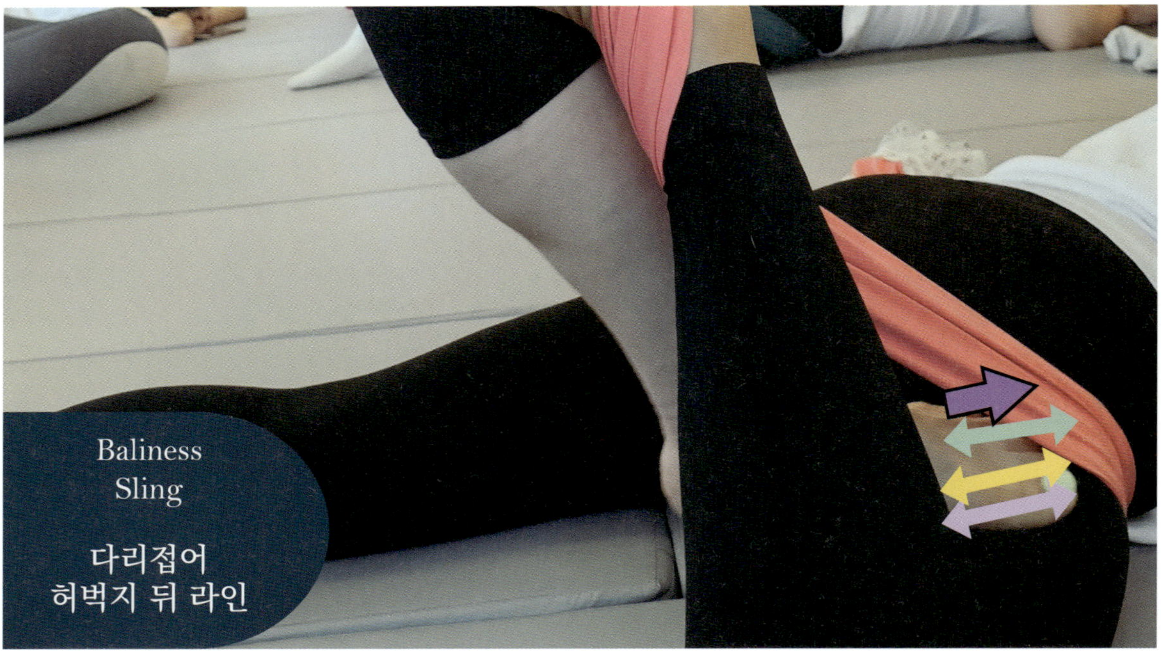

반대 방향으로 가볍게 압력을 가하면 슬링의 반작용으로 인해 화살표 방향으로 돌아오게 됩니다. 이 과정에서 통증이 느껴지신다면, 1번의 전체 동작을 부드럽게 반복해 주세요.

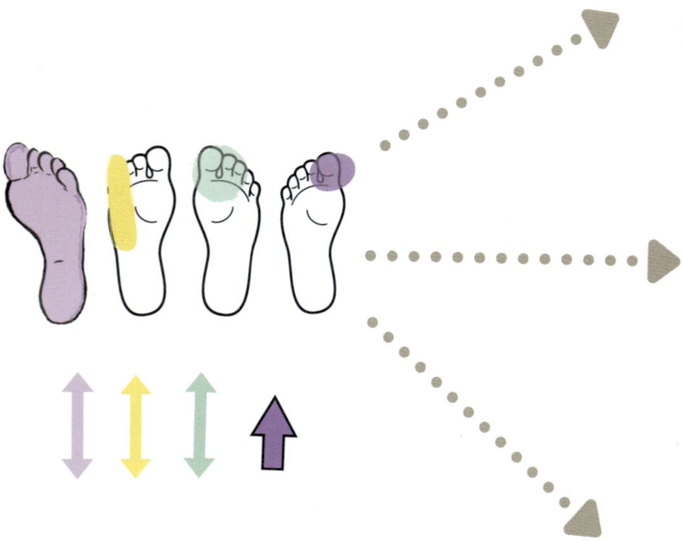

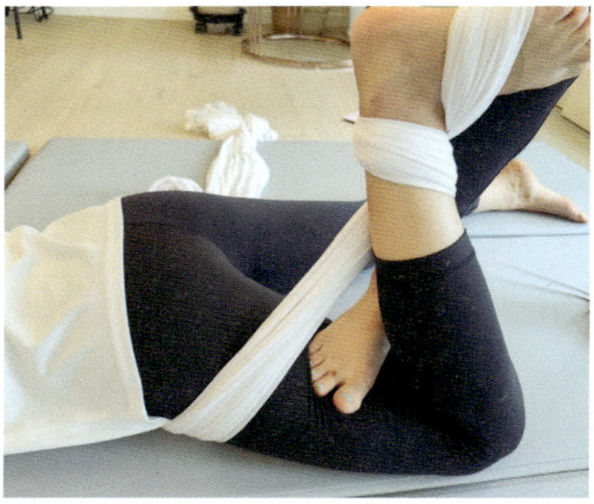

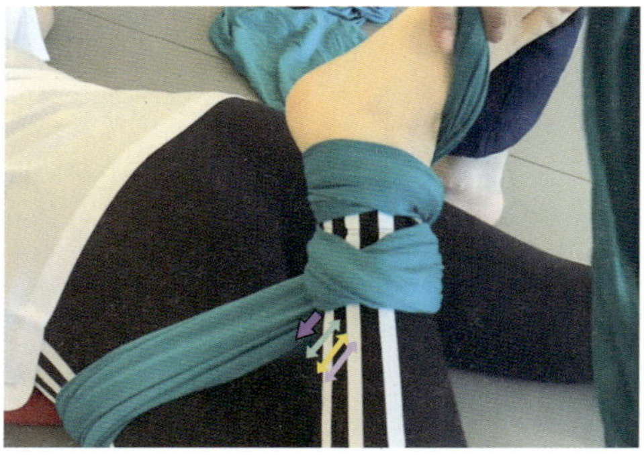

반대 방향으로 가볍게 압력을 가하면 슬링의 반작용으로 인해 화살표 방향으로 돌아오게 됩니다. 이 과정에서 통증이 느껴지신다면, 1번의 전체 동작을 부드럽게 반복해 주세요.

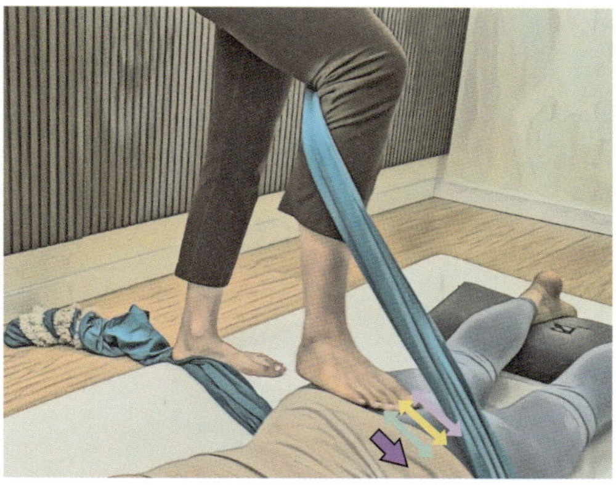

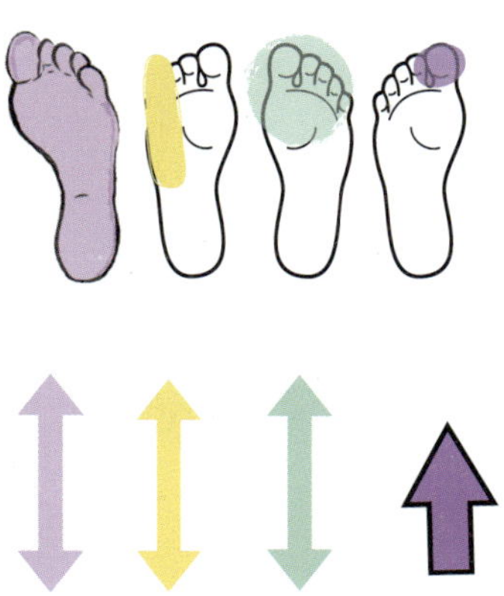

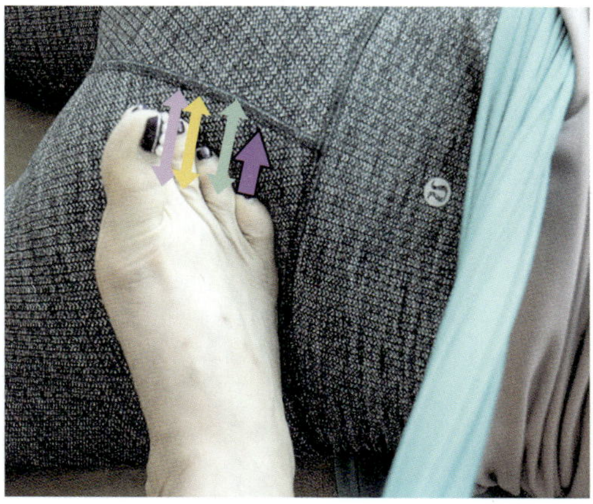

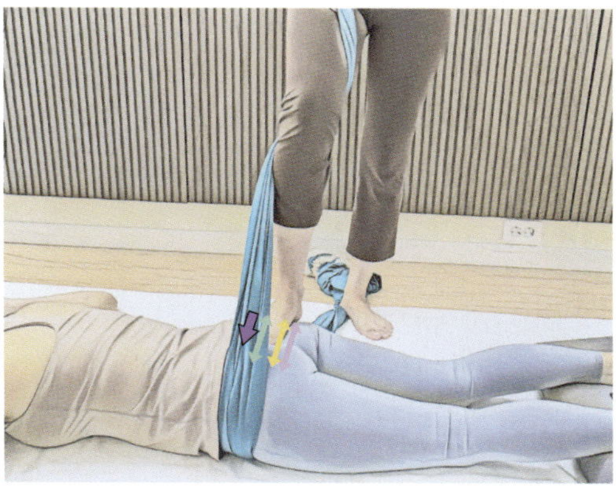

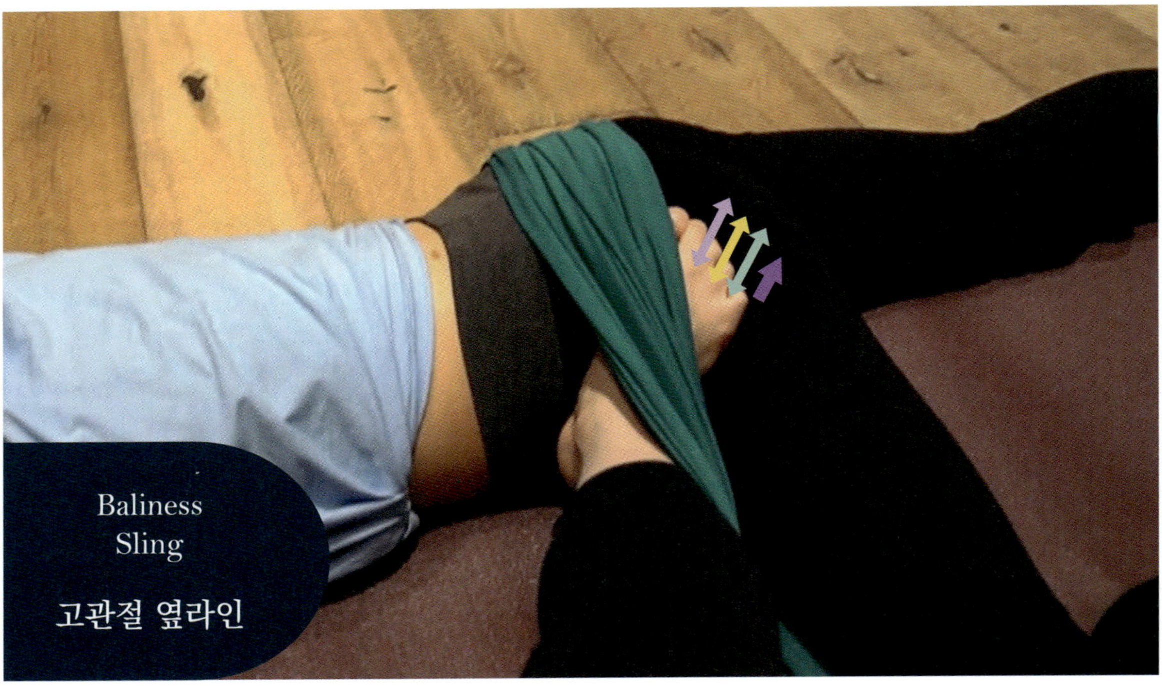

반대 방향으로 가볍게 압력을 가하면 슬링의 반작용으로 인해 화살표 방향으로 돌아오게 됩니다. 이 과정에서 통증이 느껴지신다면, 1번의 전체 동작을 부드럽게 반복해 주세요.

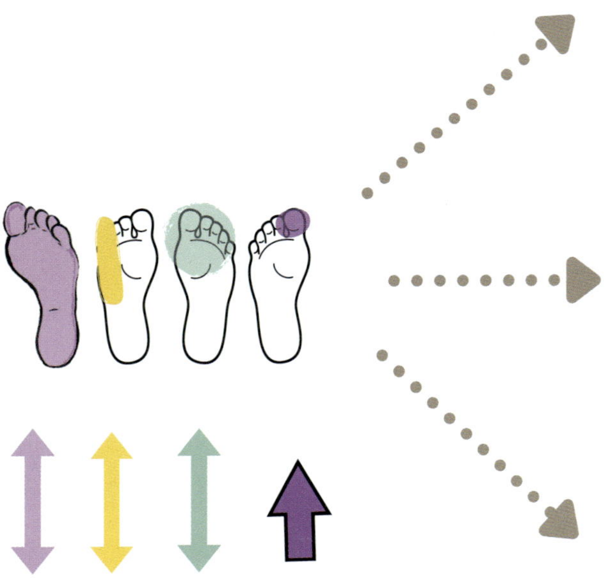

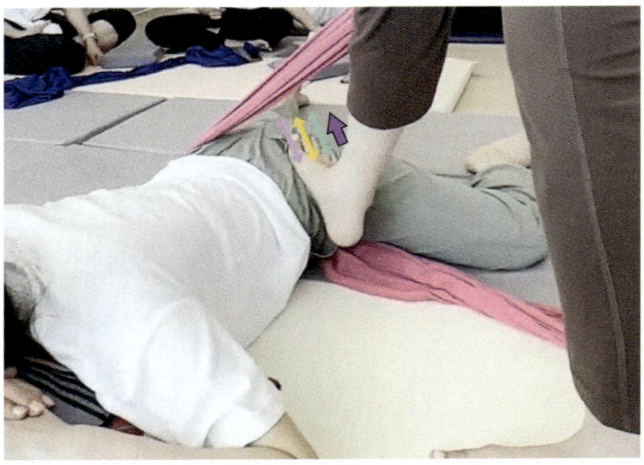

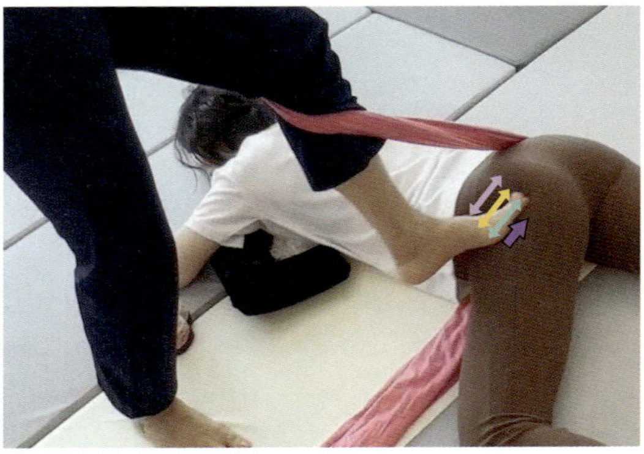

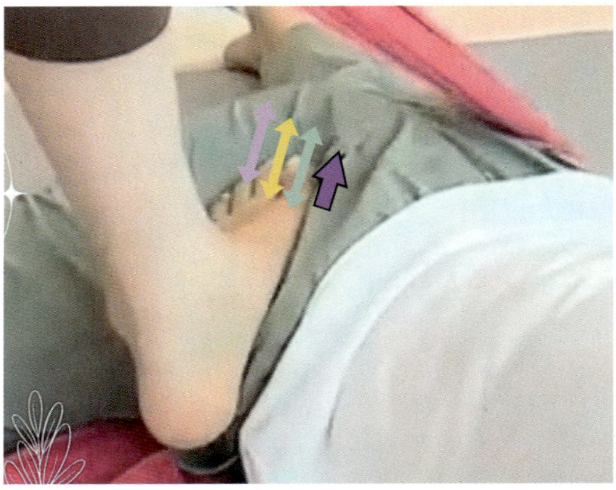

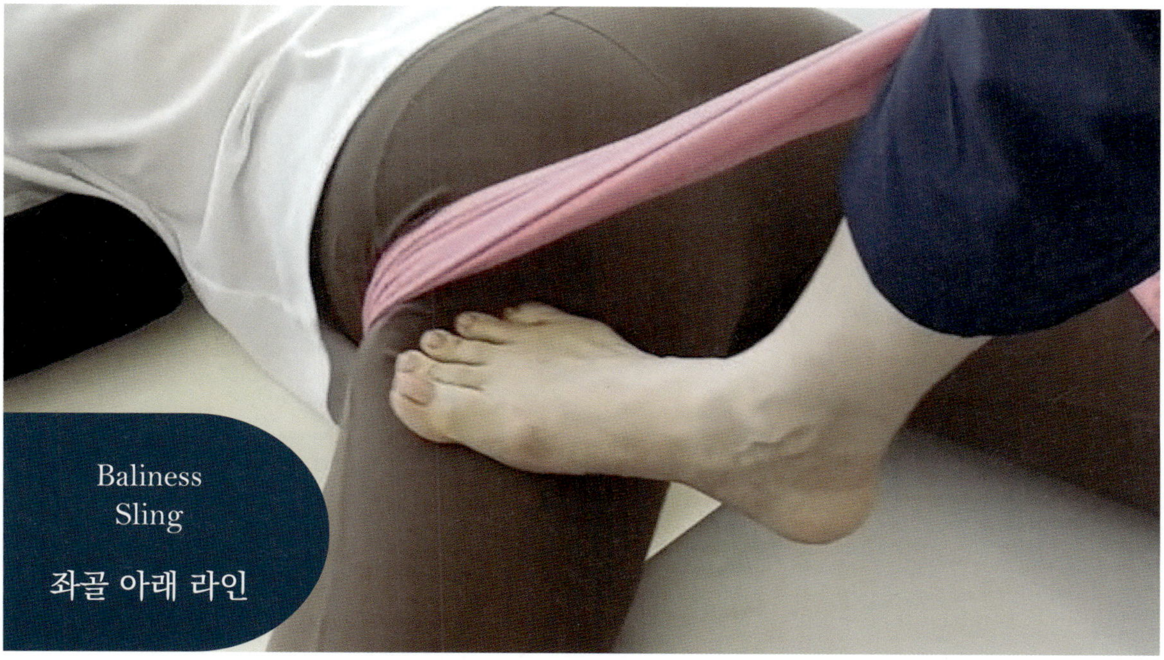

반대 방향으로 가볍게 압력을 가하면 슬링의 반작용으로 인해 화살표 방향으로 돌아오게 됩니다. 이 과정에서 통증이 느껴지신다면, 1번의 전체 동작을 부드럽게 반복해 주세요.

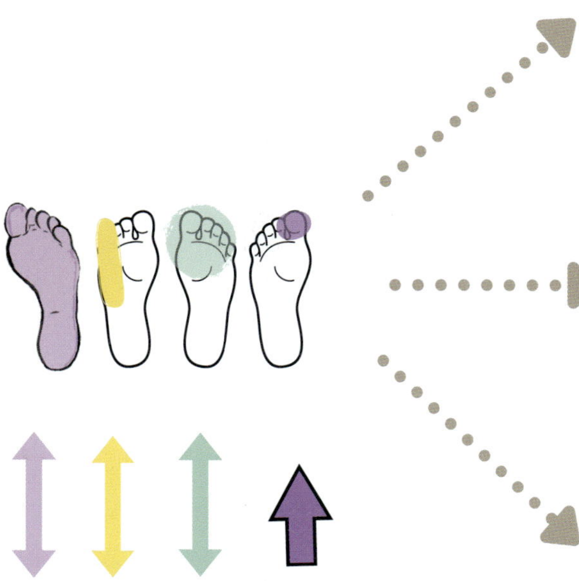

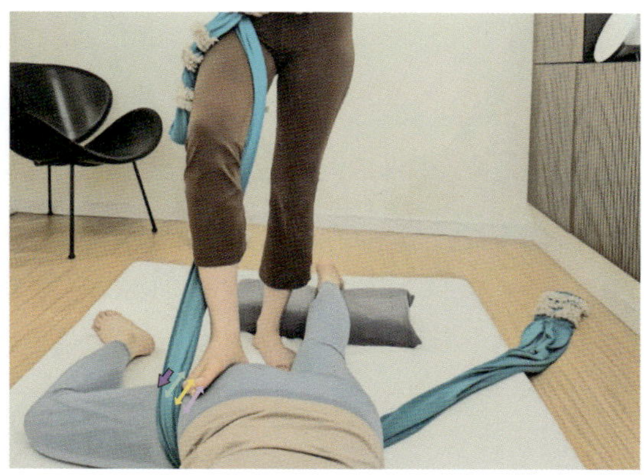

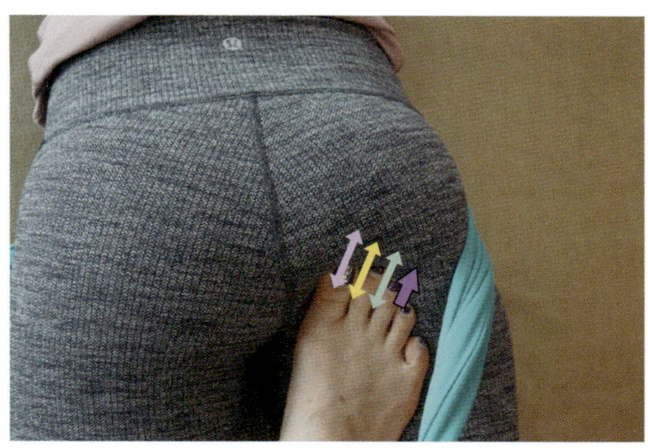

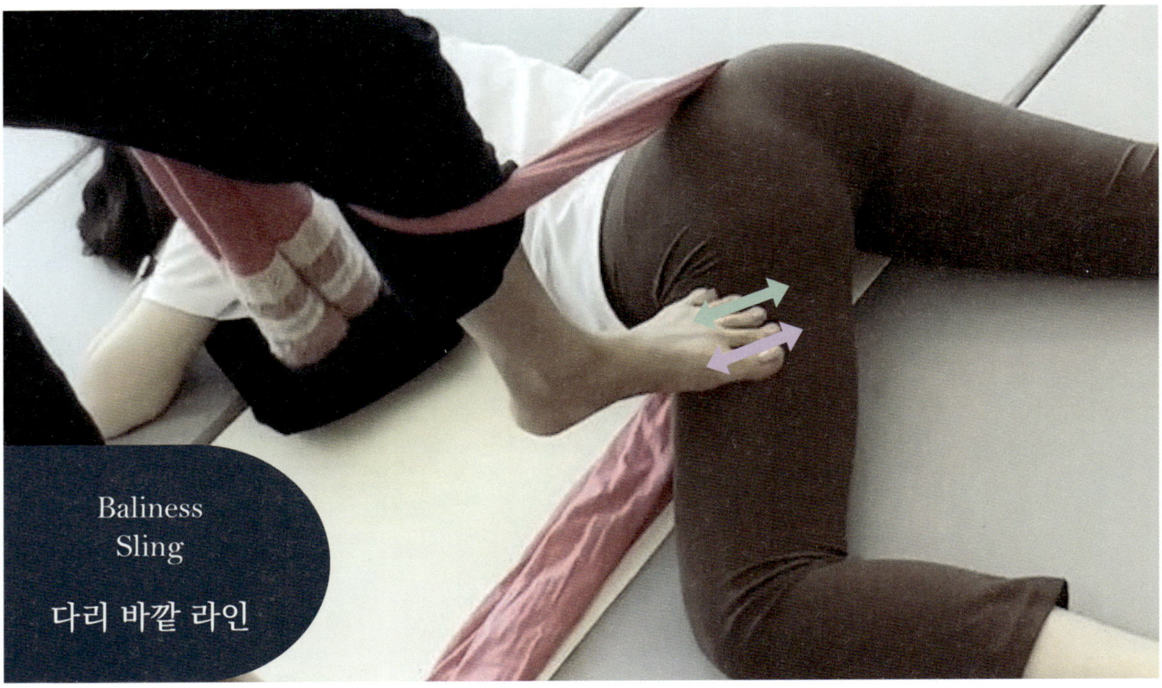

반대 방향으로 가볍게 압력을 가하면 슬링의 반작용으로 인해 화살표 방향으로 돌아오게 됩니다. 이 과정에서 통증이 느껴지신다면, 1번의 전체 동작을 부드럽게 반복해 주세요.

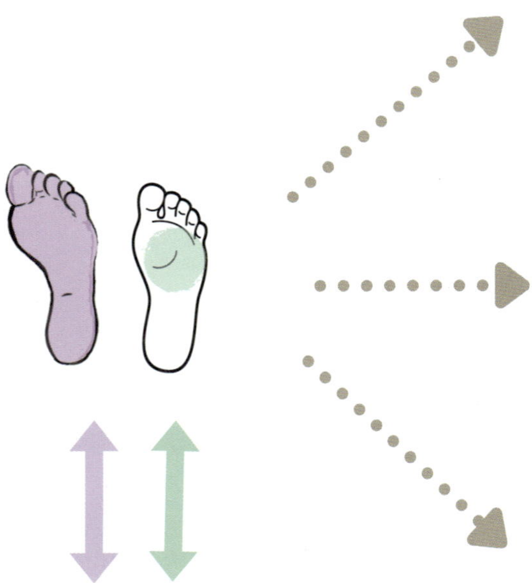

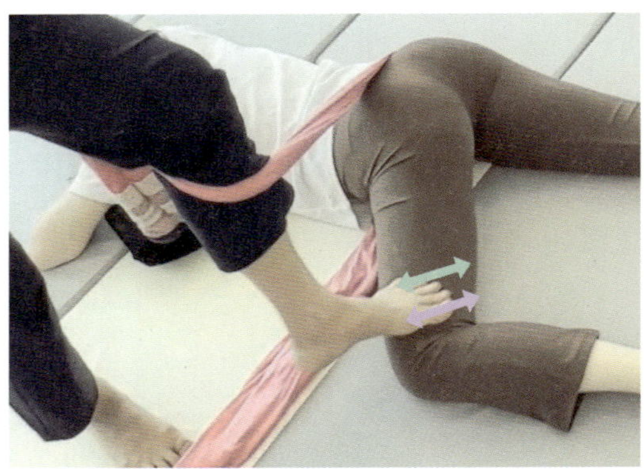

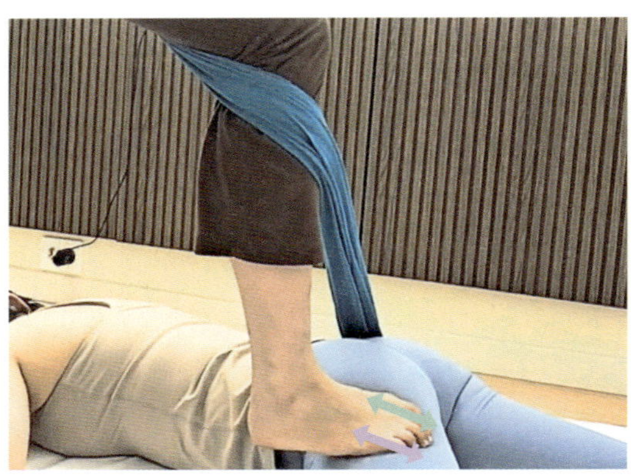

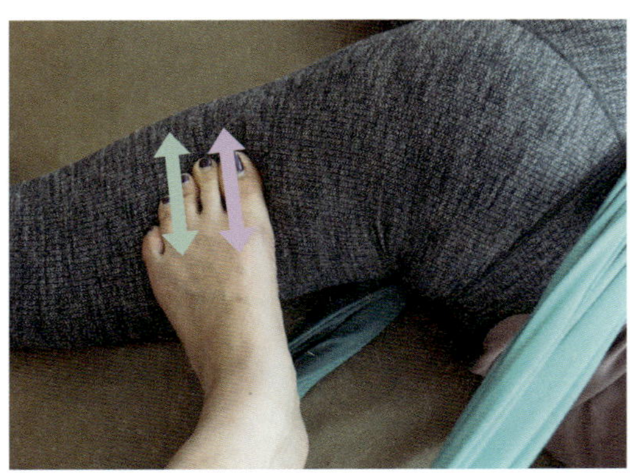

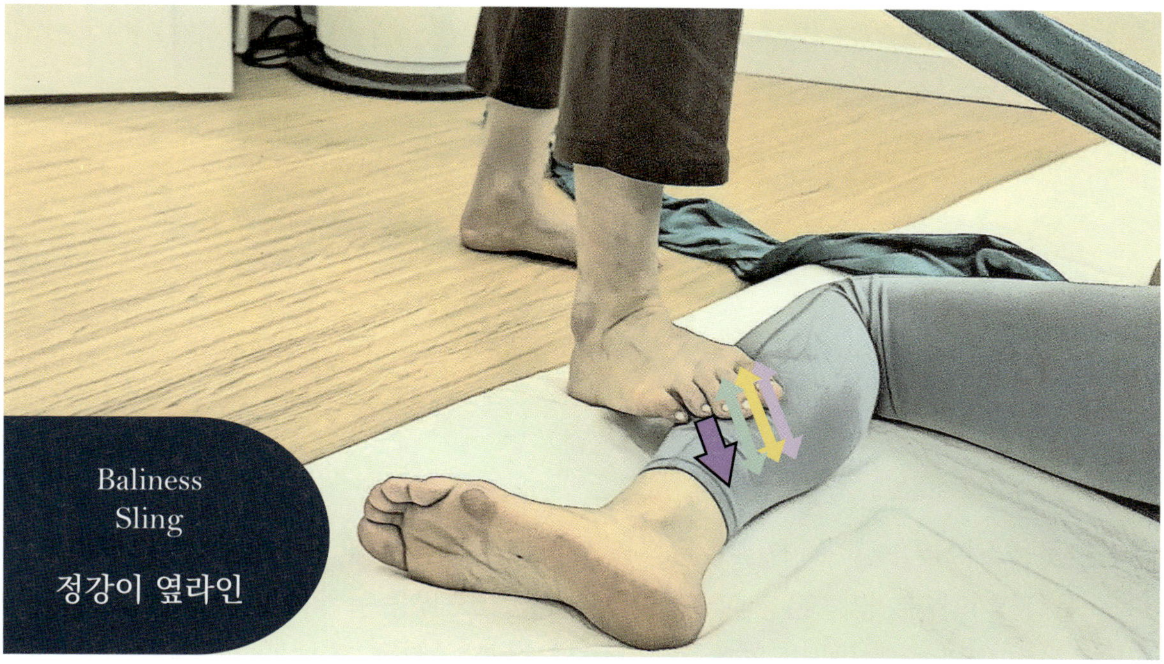

반대 방향으로 가볍게 압력을 가하면 슬링의 반작용으로 인해 화살표 방향으로 돌아오게 됩니다. 이 과정에서 통증이 느껴지신다면, 1번의 전체 동작을 부드럽게 반복해 주세요.

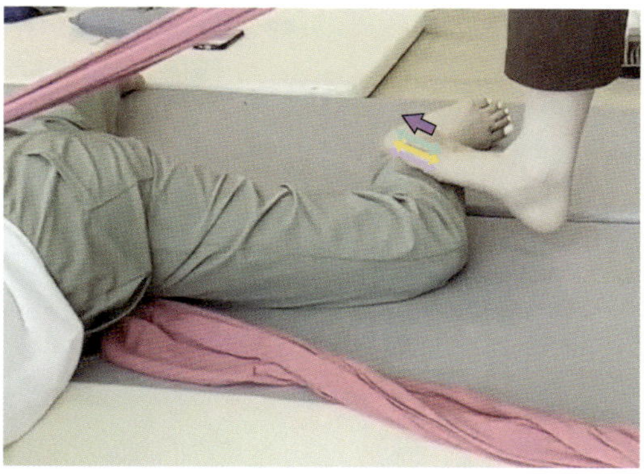

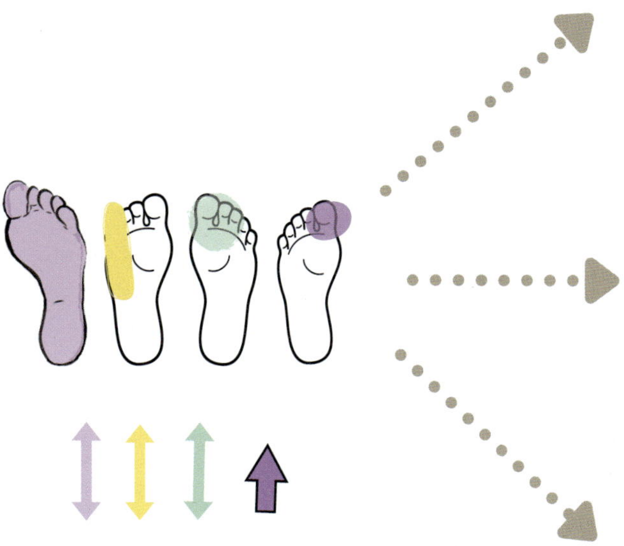

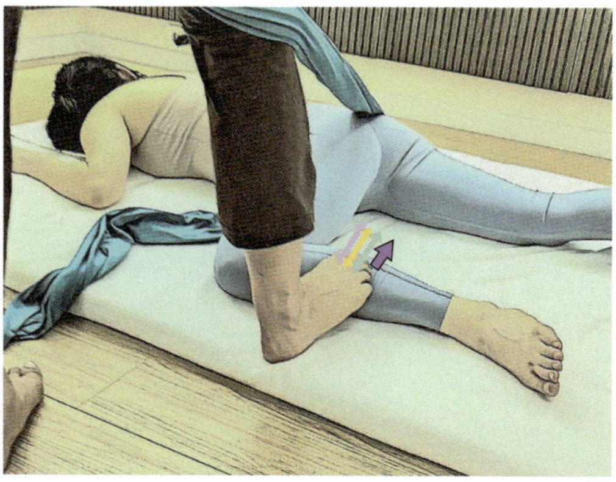

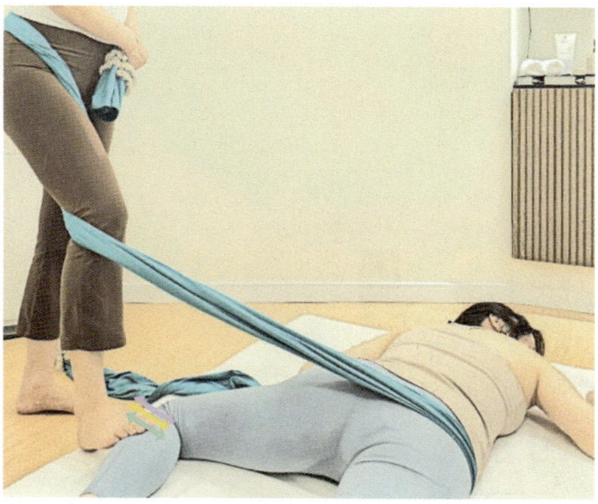

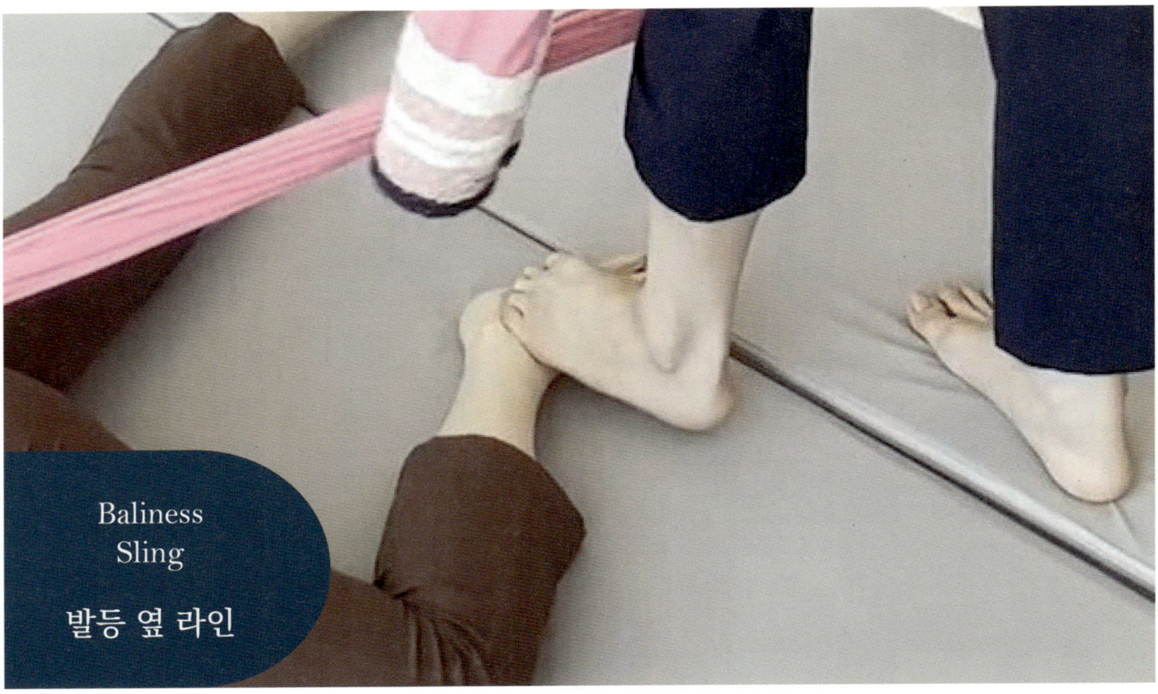

반대 방향으로 가볍게 압력을 가하면서 체중의 약 10%를 이동시켜 주십시오. 이 과정에서 파동 현상은 발생하지 않아야 합니다. 만약 통증을 느끼실 경우, 즉시 동작을 중단하시기 바랍니다.

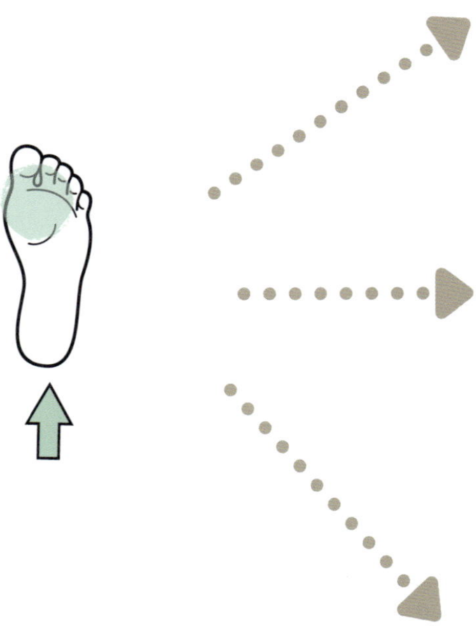

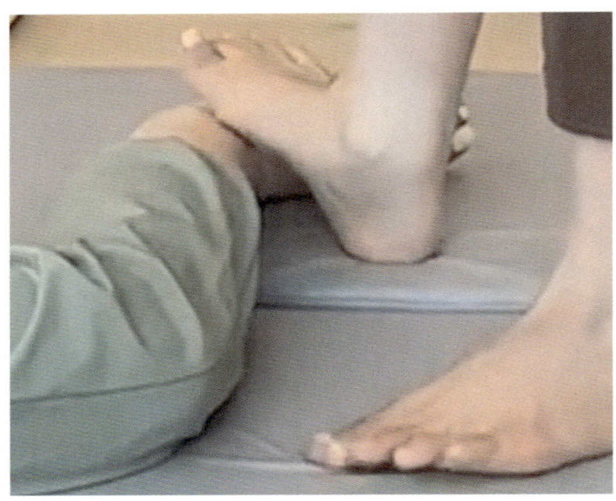

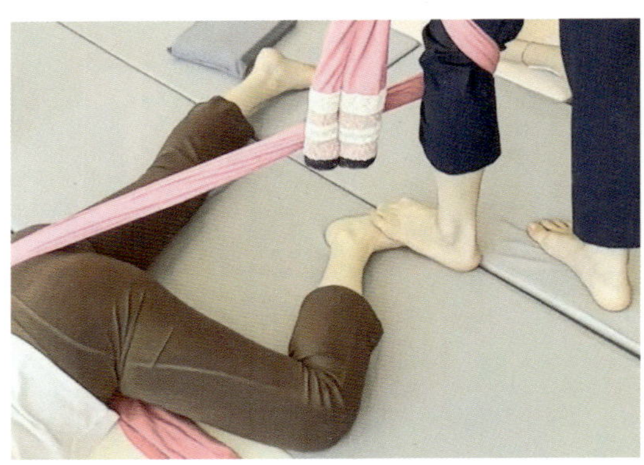

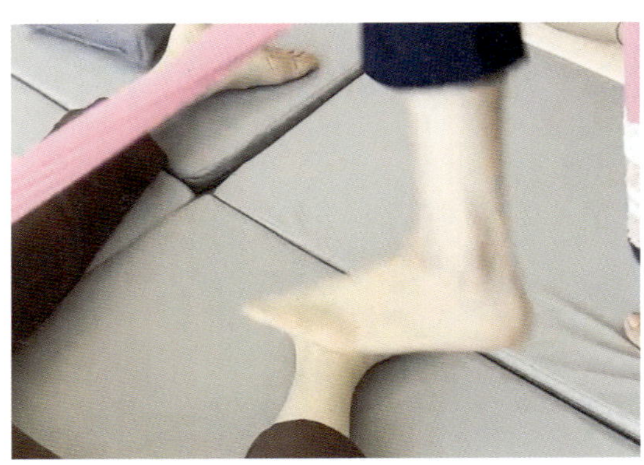

STAND UP
UPPER BODY

BALI NESS

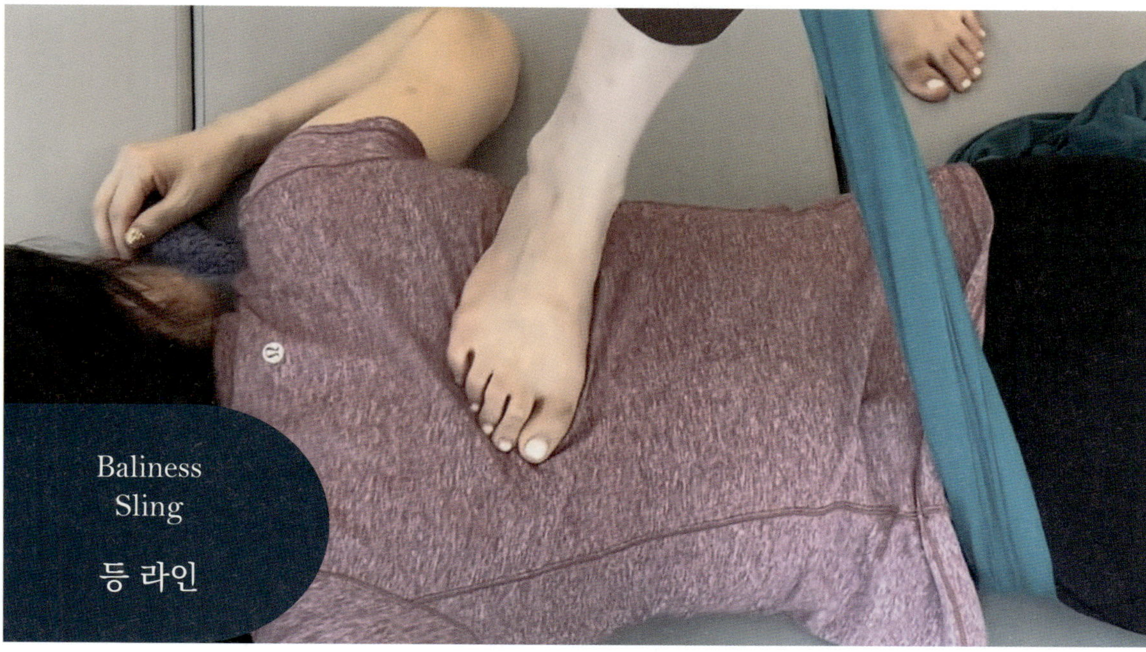

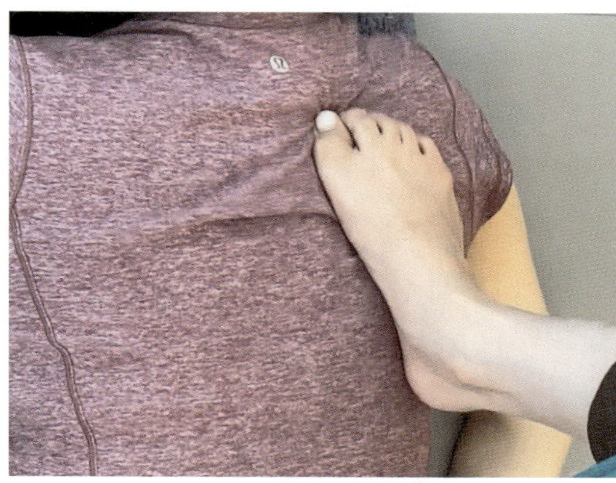

반대 방향으로 가볍게 압력을 가하면 슬링의 반작용으로 인해 화살표 방향으로 돌아오게 됩니다. 이 과정에서 통증이 느껴지신다면, 1번의 전체 동작을 부드럽게 반복해 주세요.

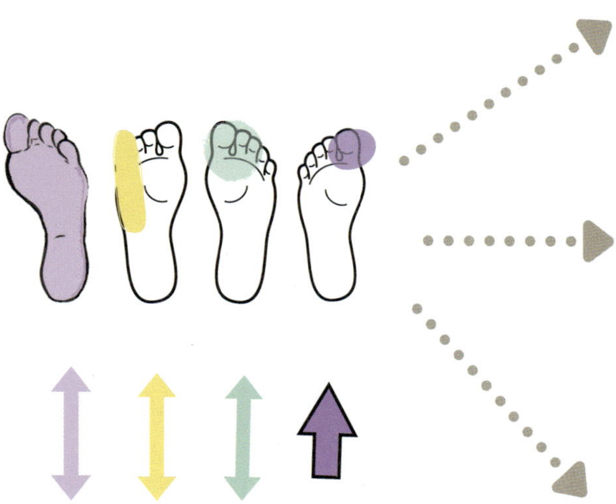

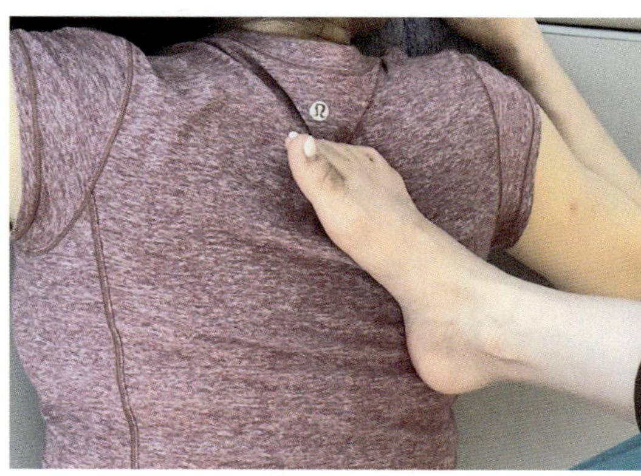

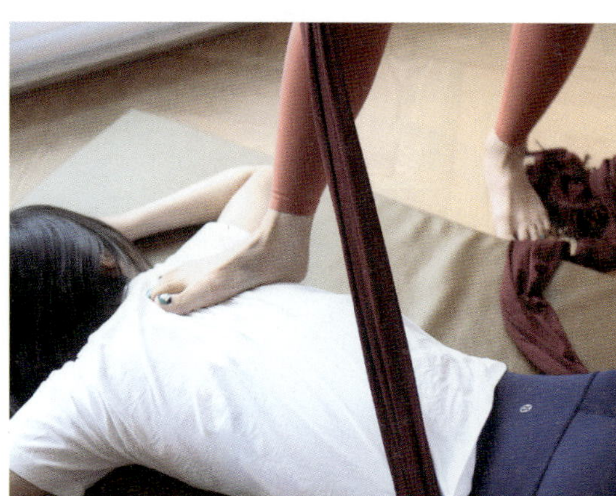

반대 방향으로 가볍게 압력을 가하면 슬링의 반작용으로 인해 화살표 방향으로 돌아오게 됩니다. 이 과정에서 통증이 느껴지신다면, 1번의 전체 동작을 부드럽게 반복해 주세요.

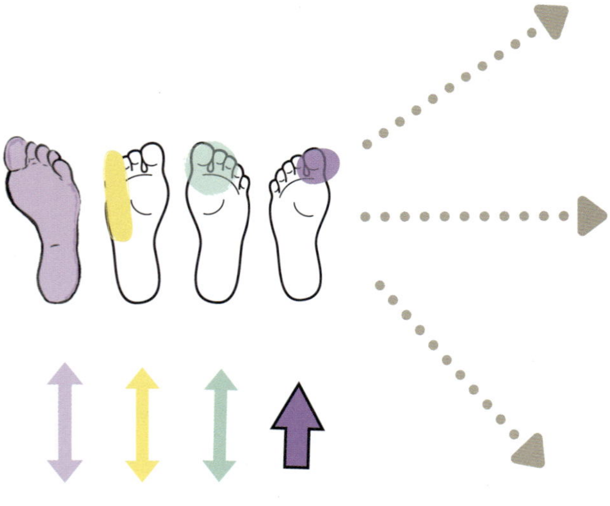

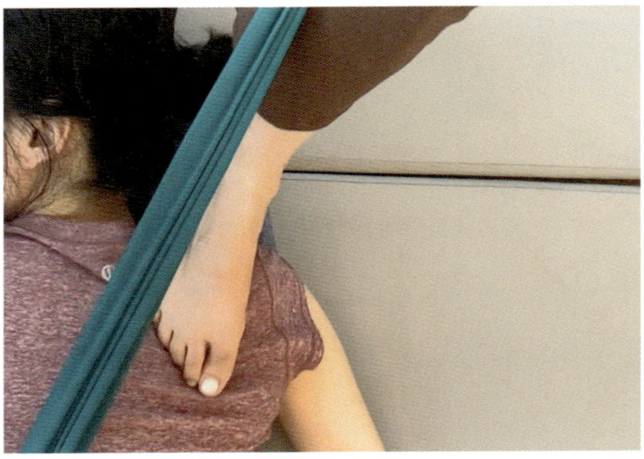

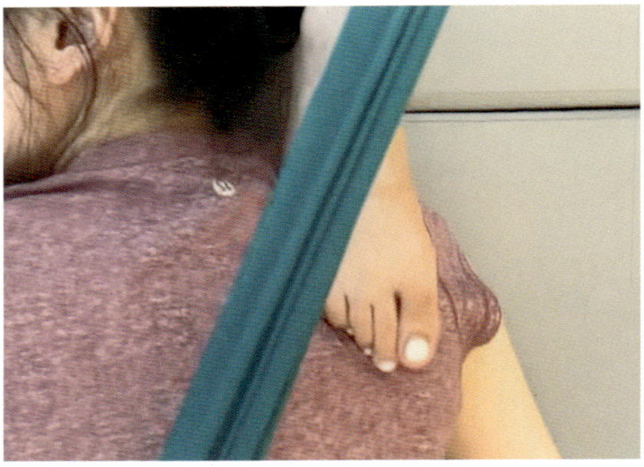

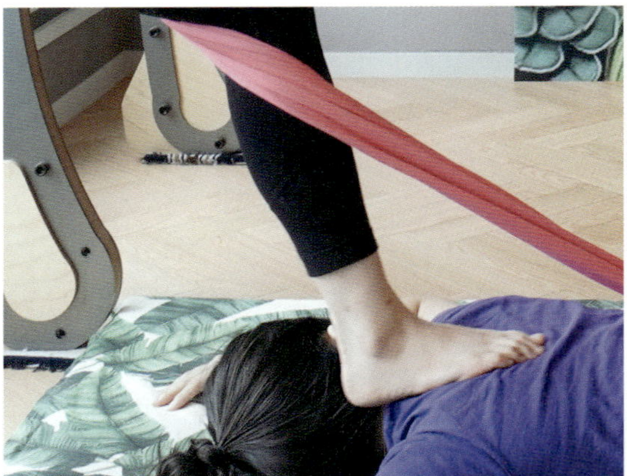

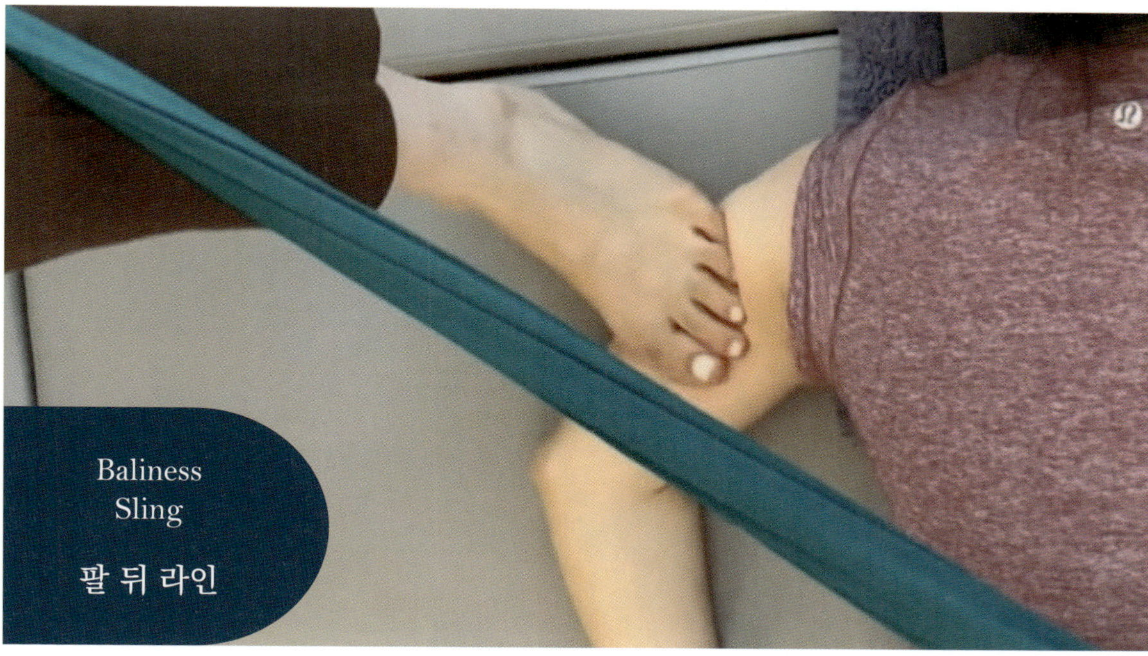

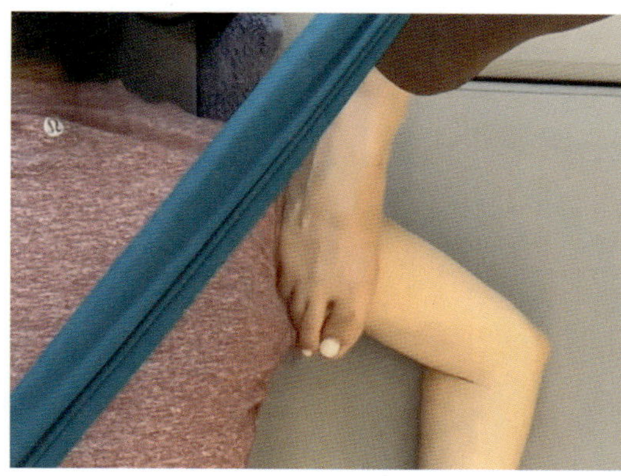

반대 방향으로 가볍게 압력을 가하면서 체중의 약 10%를 이동시켜 주십시오. 이 과정에서 파동 현상은 발생하지 않아야 합니다. 만약 통증을 느끼실 경우, 즉시 동작을 중단하시기 바랍니다.

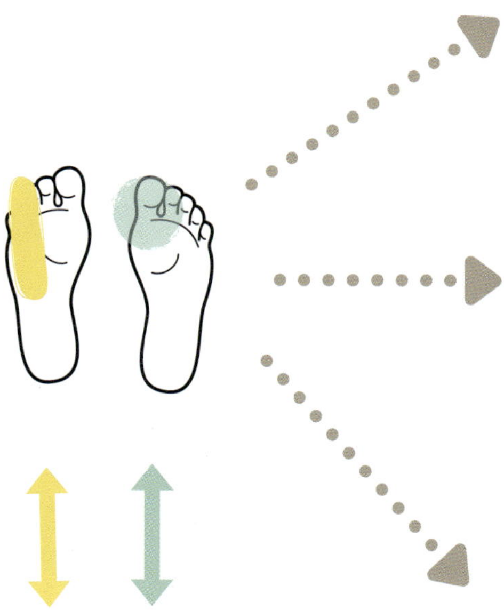

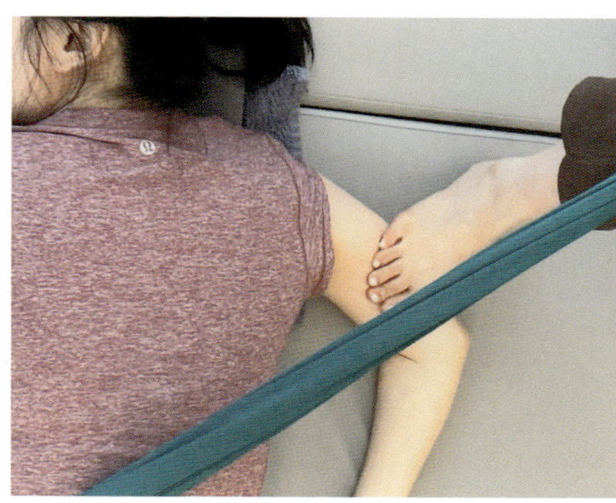

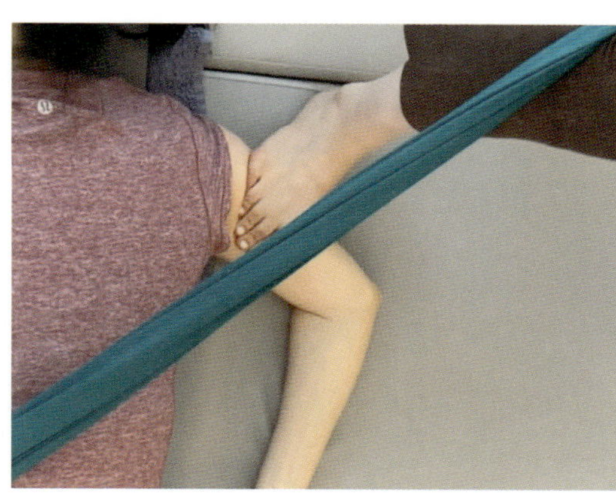

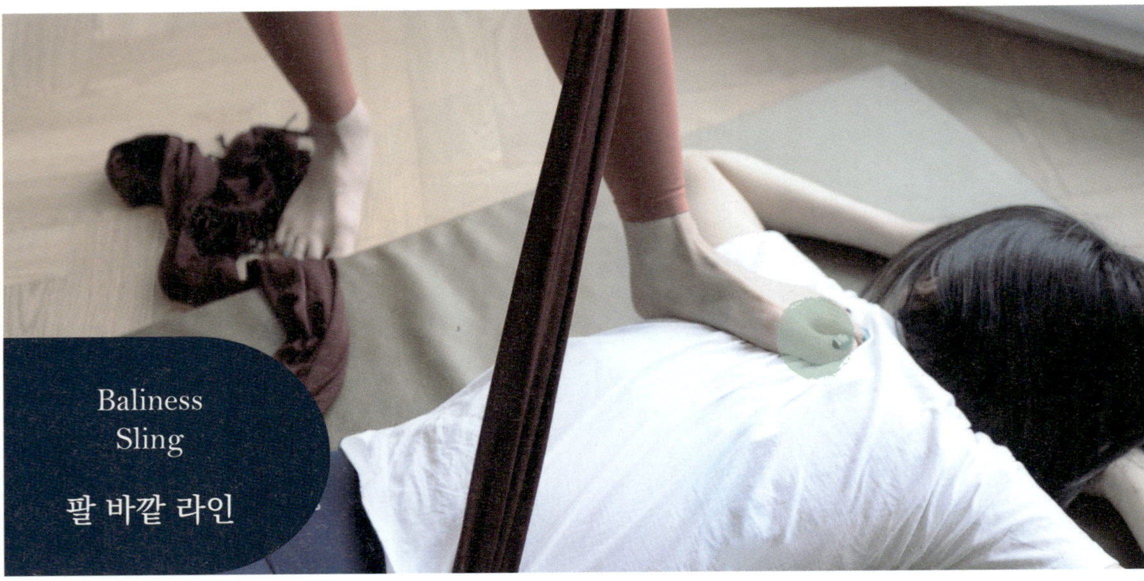

반대 방향으로 가볍게 압력을 가하면서 체중의 약 10%를 이동시켜 주십시오. 이 과정에서 파동 현상은 발생하지 않아야 합니다. 만약 통증을 느끼실 경우, 즉시 동작을 중단하시기 바랍니다.

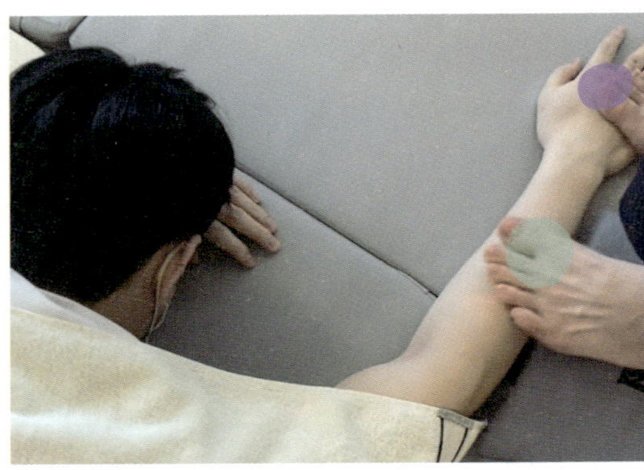

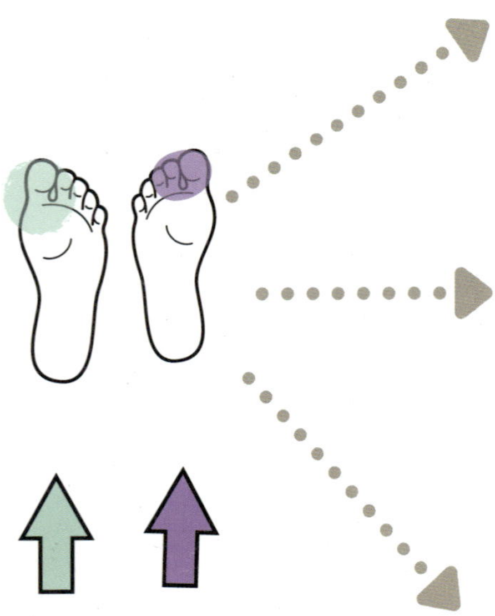

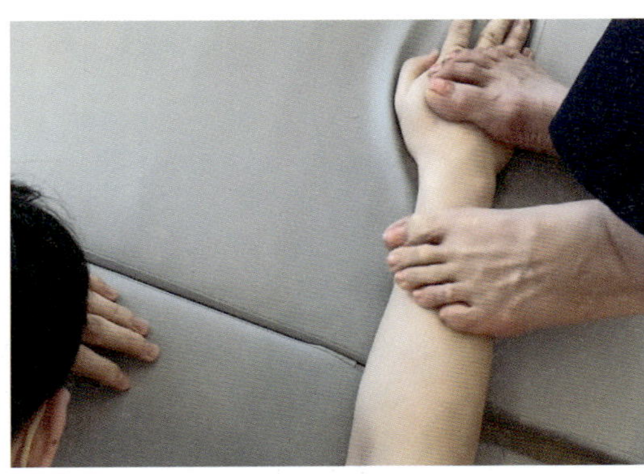

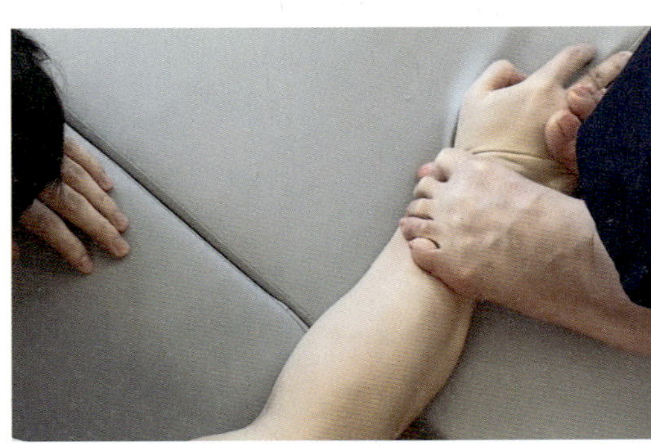

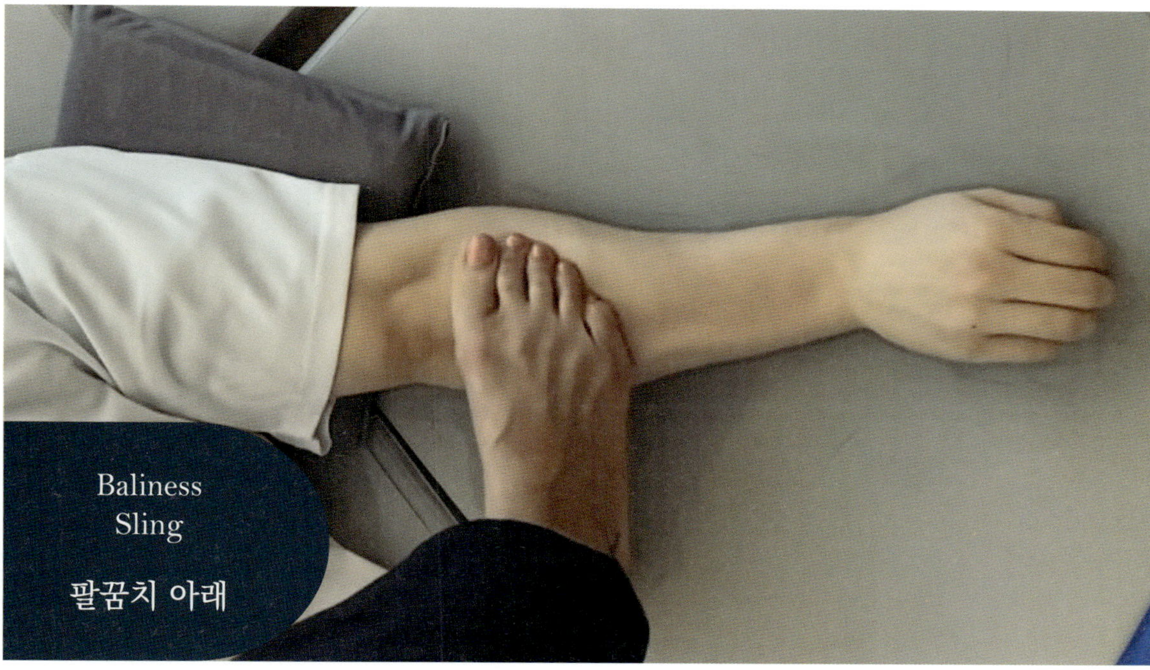

반대 방향으로 가볍게 압력을 가하면 슬링의 반작용으로 인해 화살표 방향으로 돌아오게 됩니다. 이 과정에서 통증이 느껴지신다면, 1번의 전체 동작을 부드럽게 반복해 주세요.

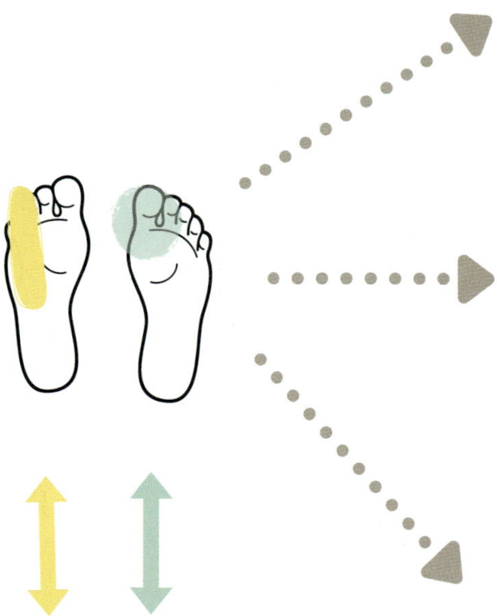

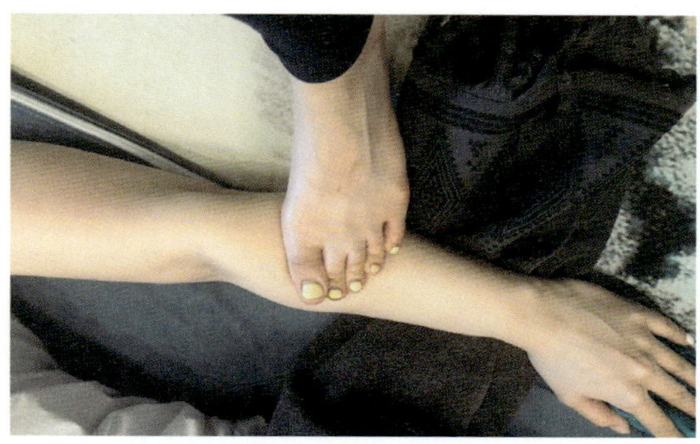

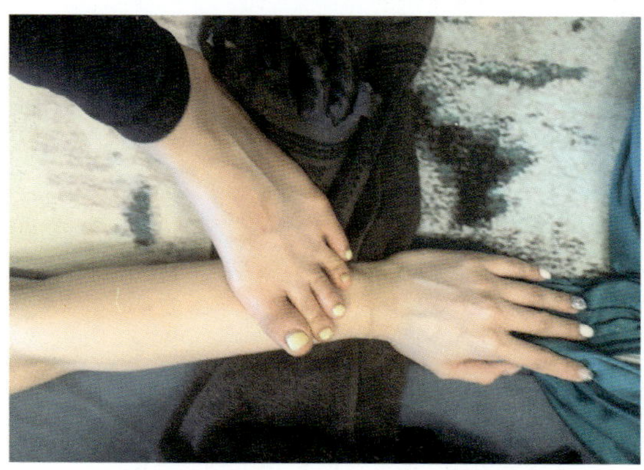

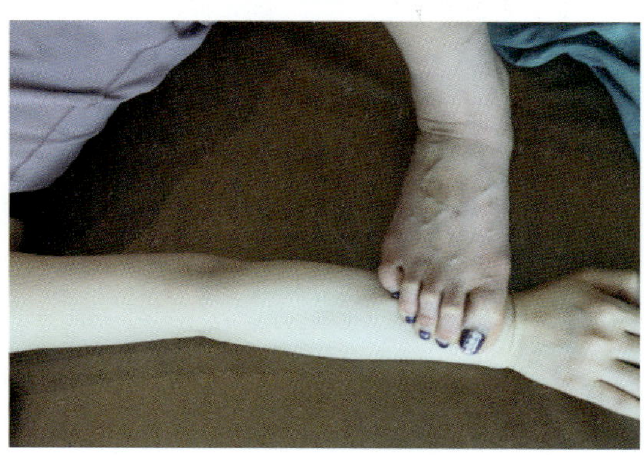

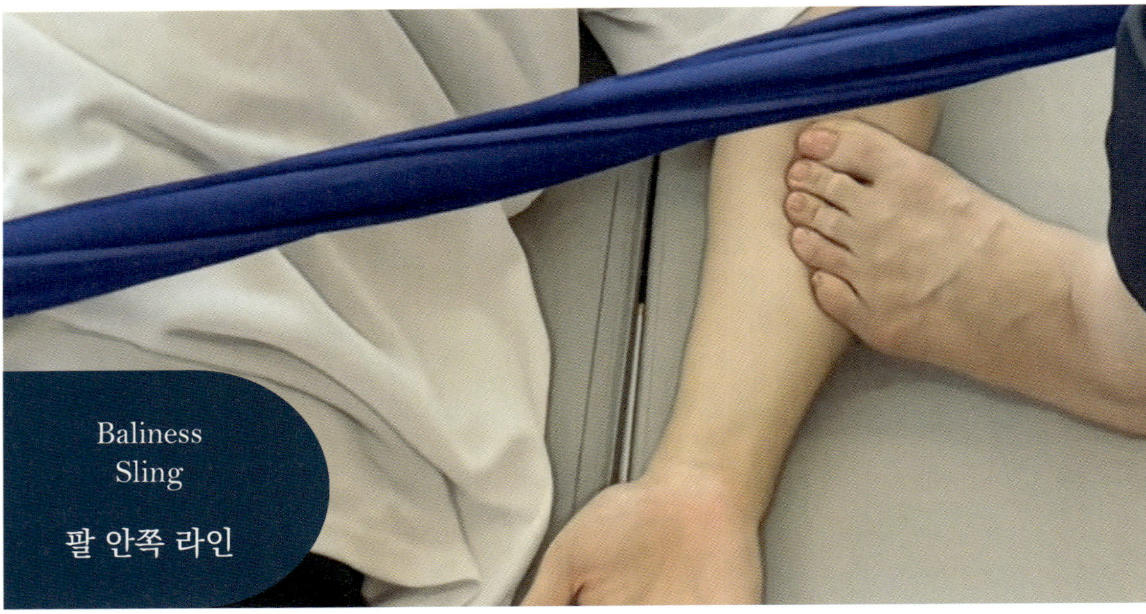

반대 방향으로 가볍게 압력을 가하면서 체중의 약 10%를 이동시켜 주십시오. 이 과정에서 파동 현상은 발생하지 않아야 합니다. 만약 통증을 느끼실 경우, 즉시 동작을 중단하시기 바랍니다.

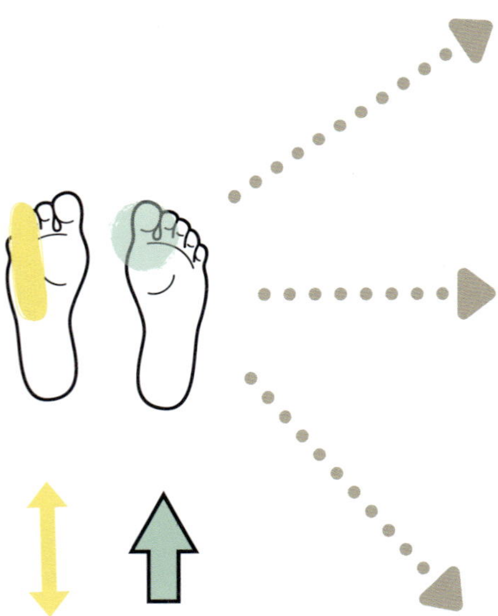

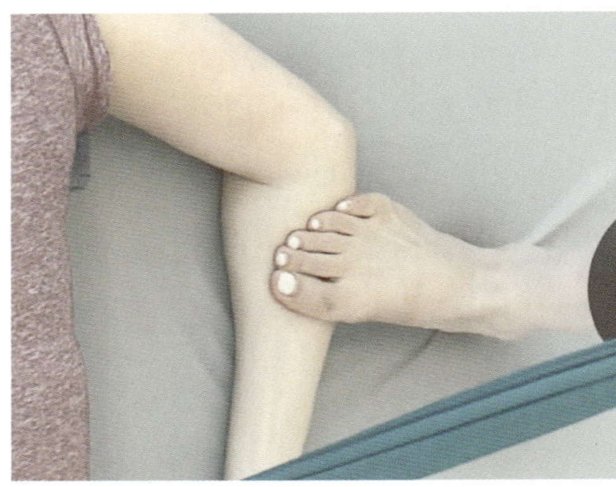

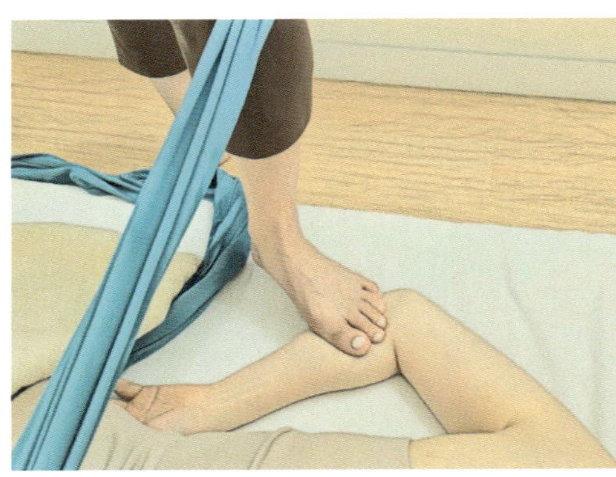

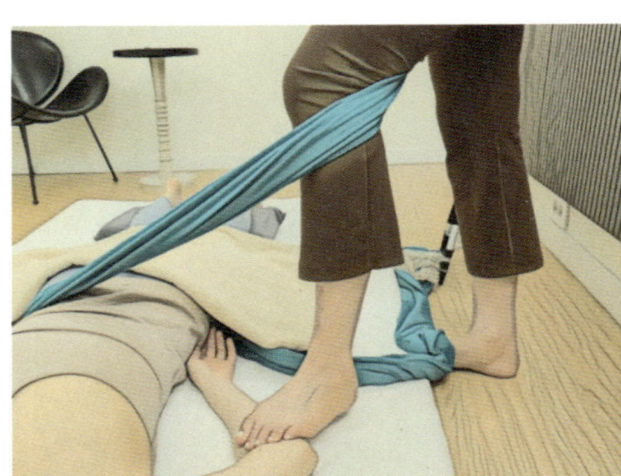

sitting sling

Lower Body Line

BALINESS

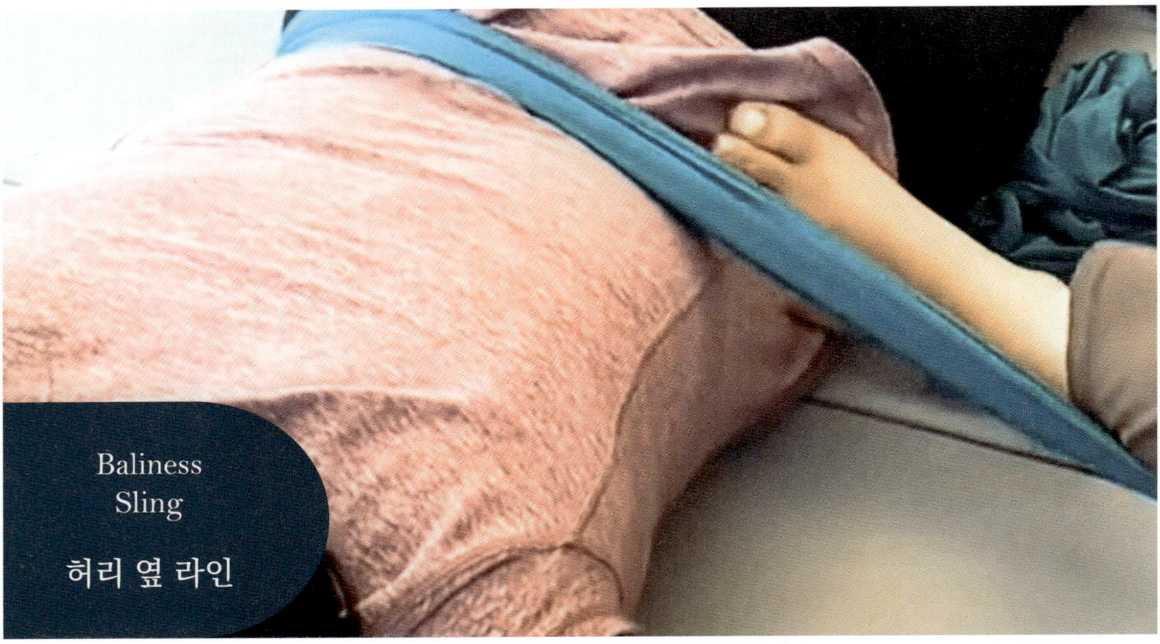

반대 방향으로 가볍게 압력을 가하면 슬링의 반작용으로 인해 화살표 방향으로 돌아오게 됩니다. 이 과정에서 통증이 느껴지신다면, 1번의 전체 동작을 부드럽게 반복해 주세요.

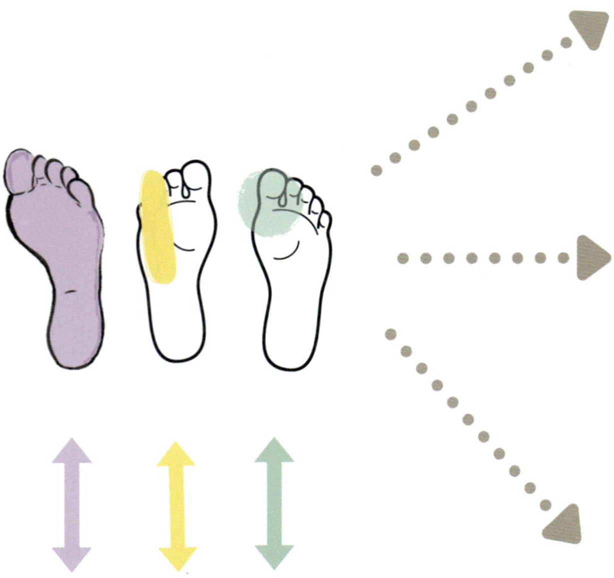

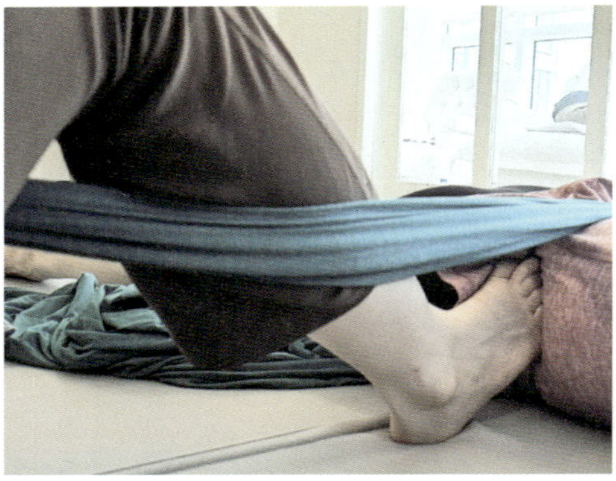

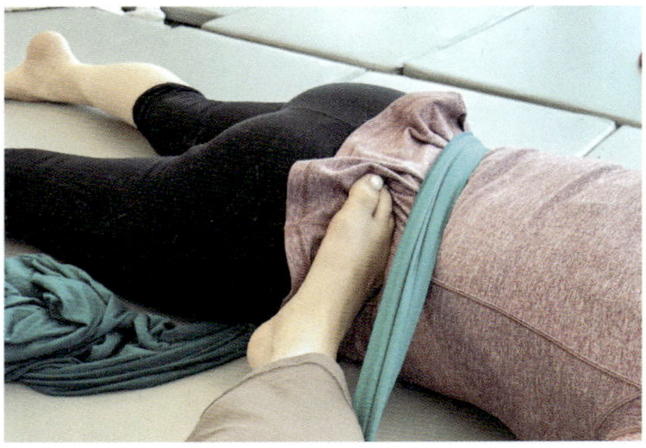

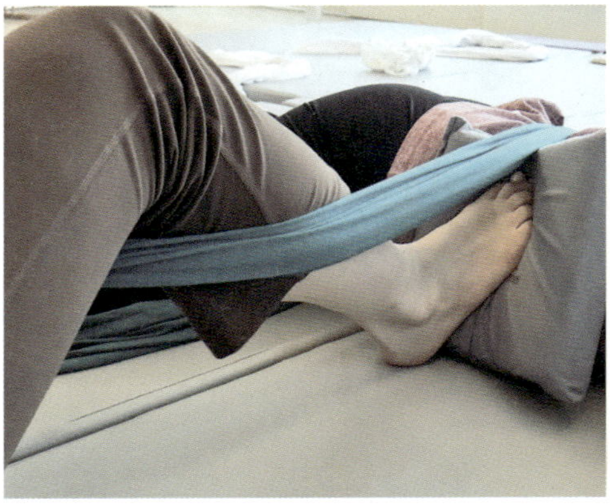

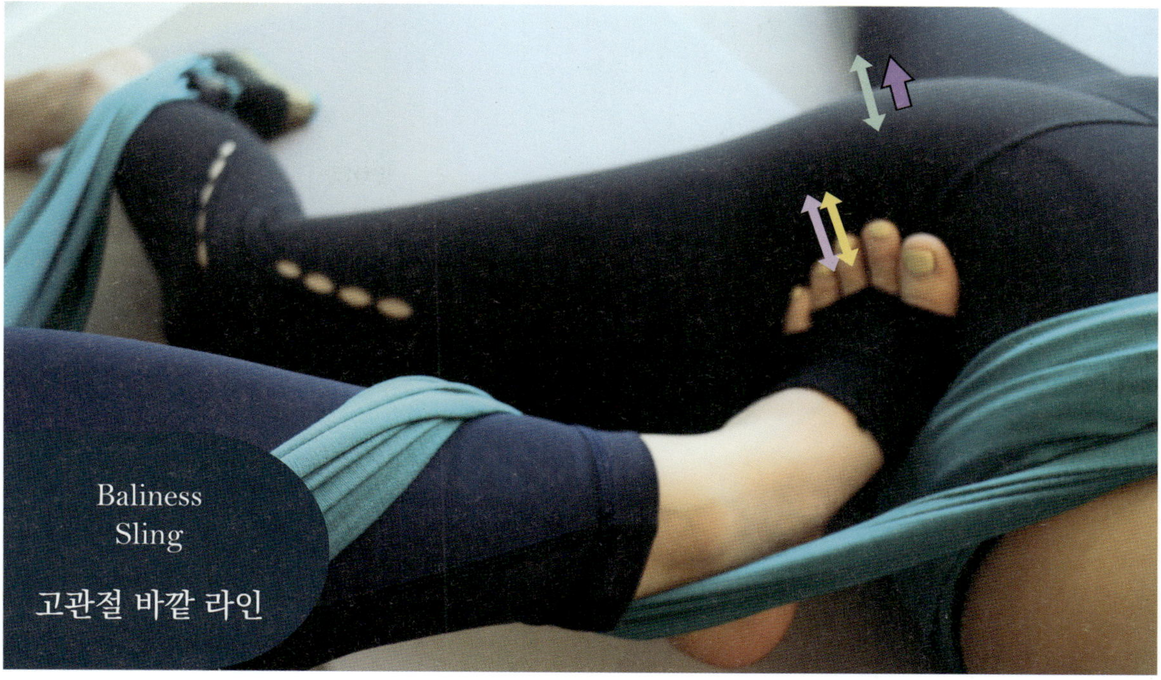

반대 방향으로 가볍게 압력을 가하면 슬링의 반작용으로 인해 화살표 방향으로 돌아오게 됩니다. 이 과정에서 통증이 느껴지신다면, 1번의 전체 동작을 부드럽게 반복해 주세요.

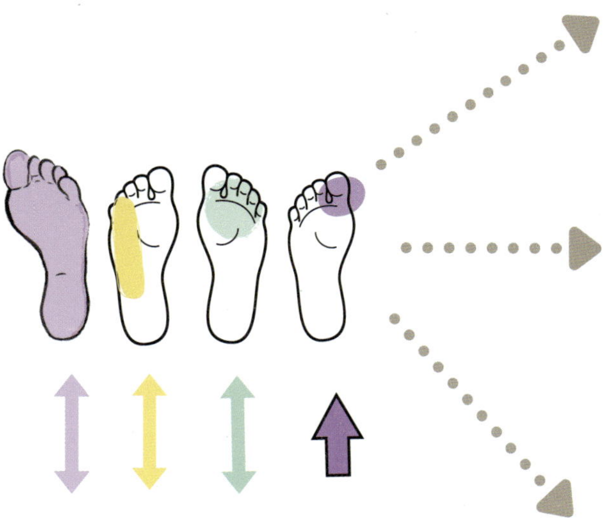

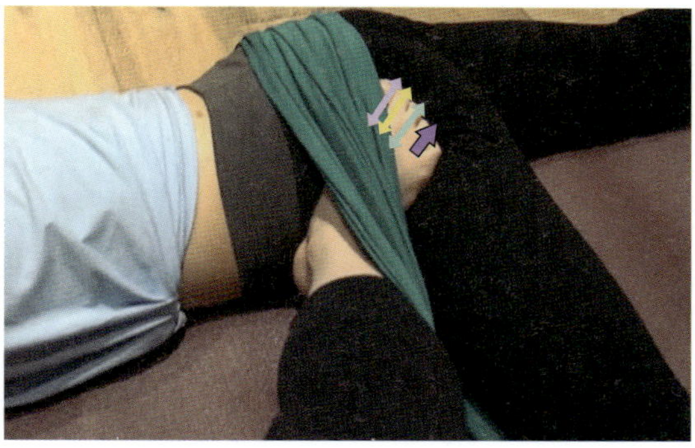

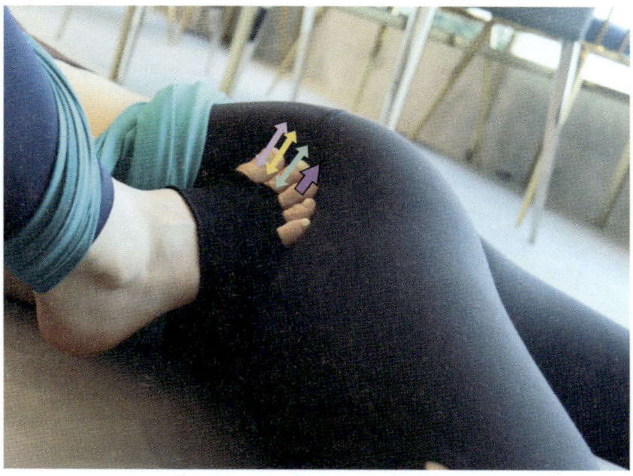

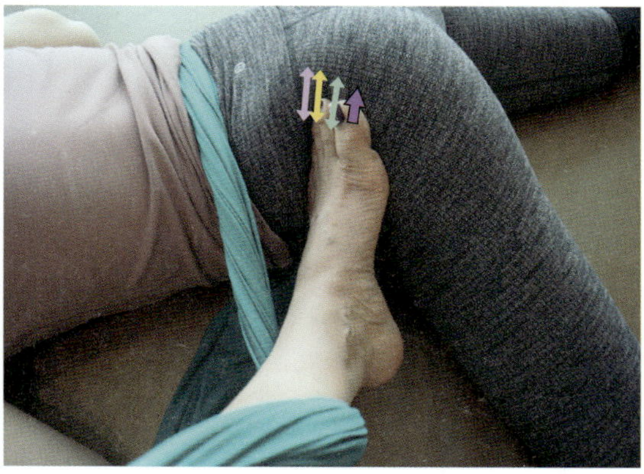

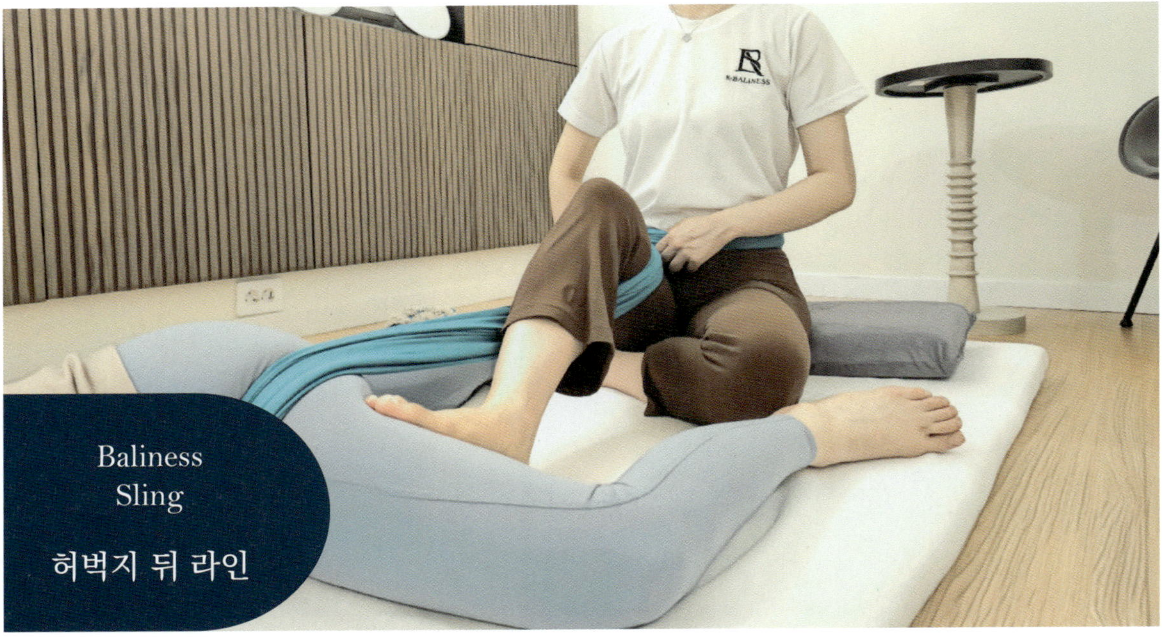

반대 방향으로 가볍게 압력을 가하면 슬링의 반작용으로 인해 화살표 방향으로 돌아오게 됩니다. 이 과정에서 통증이 느껴지신다면, 1번의 전체 동작을 부드럽게 반복해 주세요.

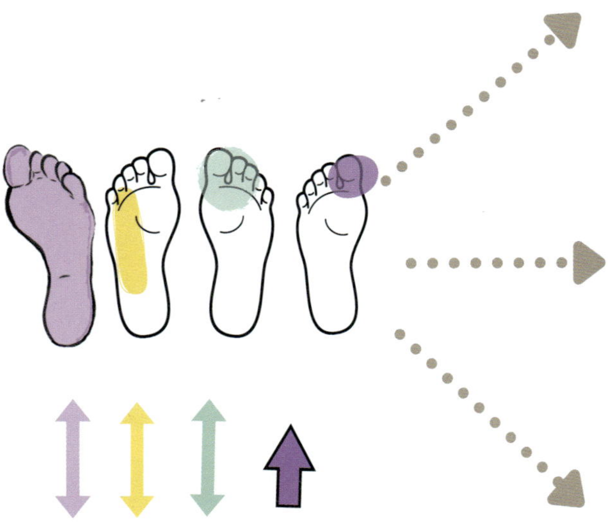

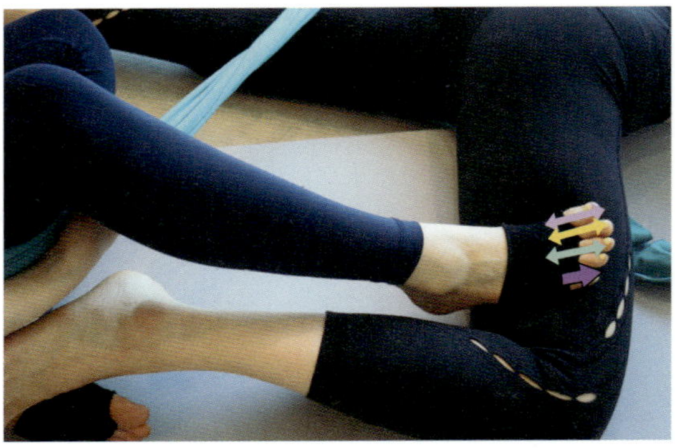

반대 방향으로 가볍게 압력을 가하면 슬링의 반작용으로 인해 화살표 방향으로 돌아오게 됩니다. 이 과정에서 통증이 느껴지신다면, 1번의 전체 동작을 부드럽게 반복해 주세요.

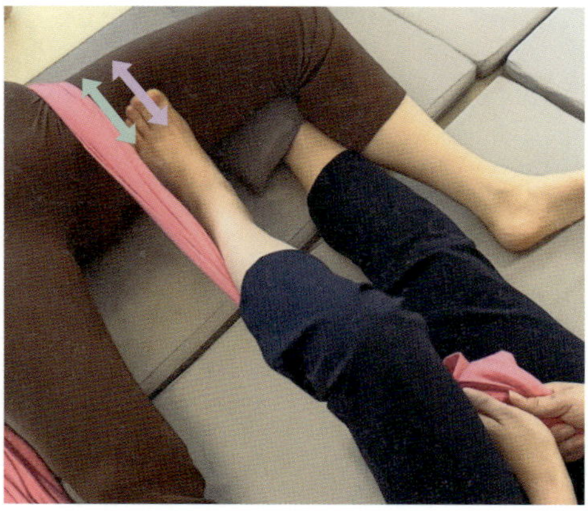

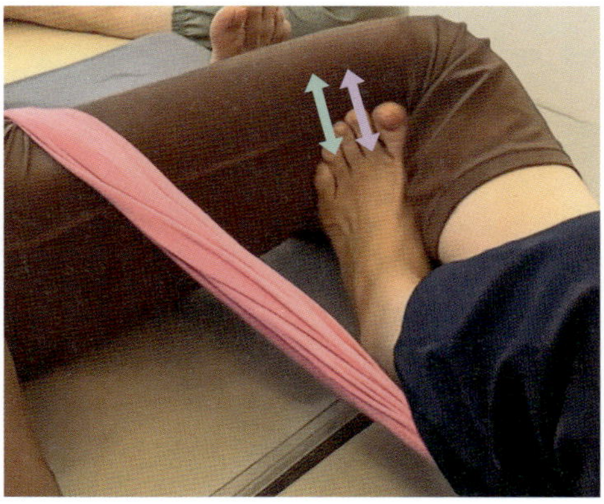

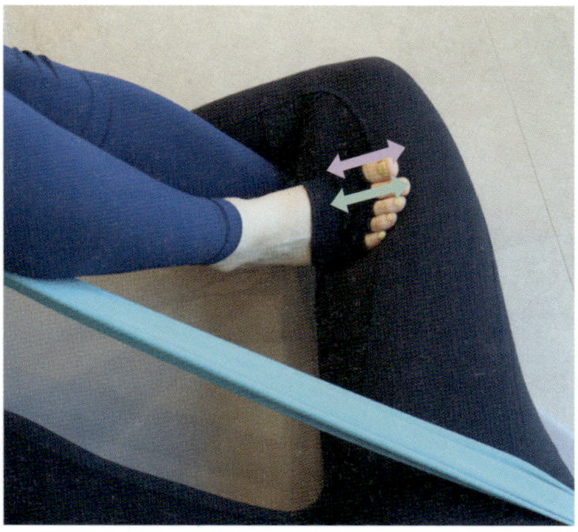

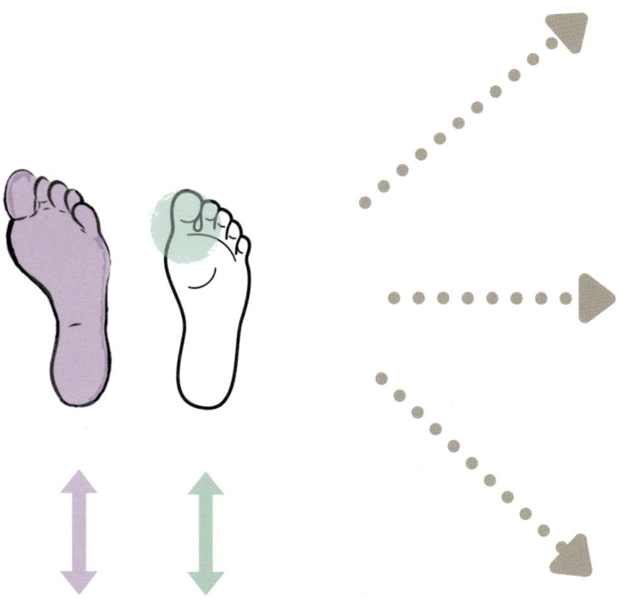

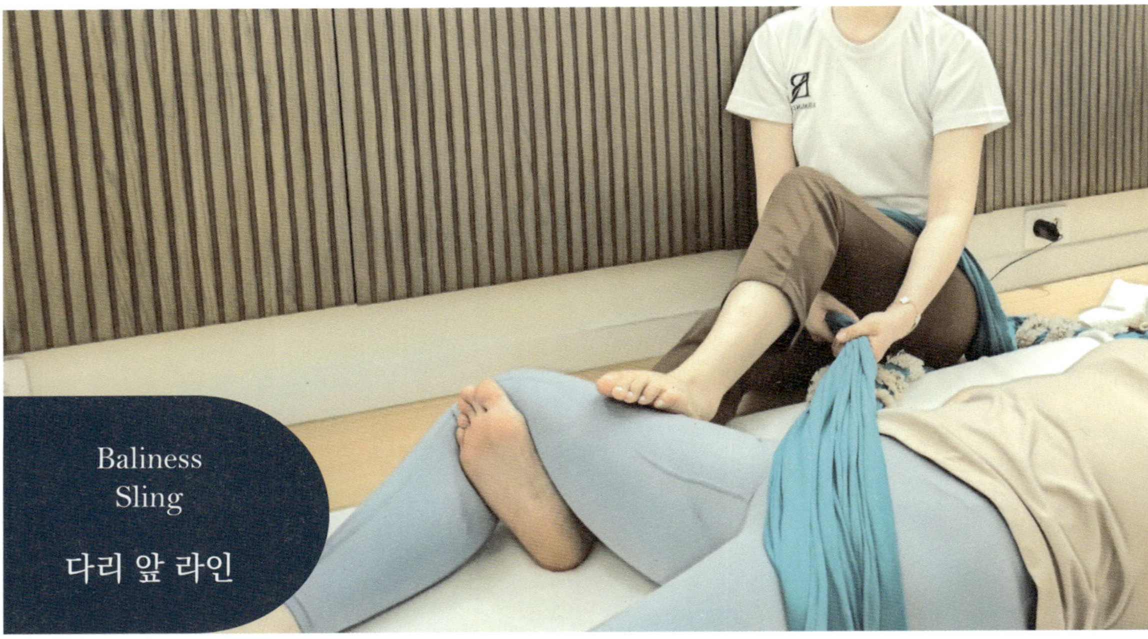

반대 방향으로 가볍게 압력을 가하면 슬링의 반작용으로 인해 화살표 방향으로 돌아오게 됩니다. 이 과정에서 통증이 느껴지신다면, 1번의 전체 동작을 부드럽게 반복해 주세요.

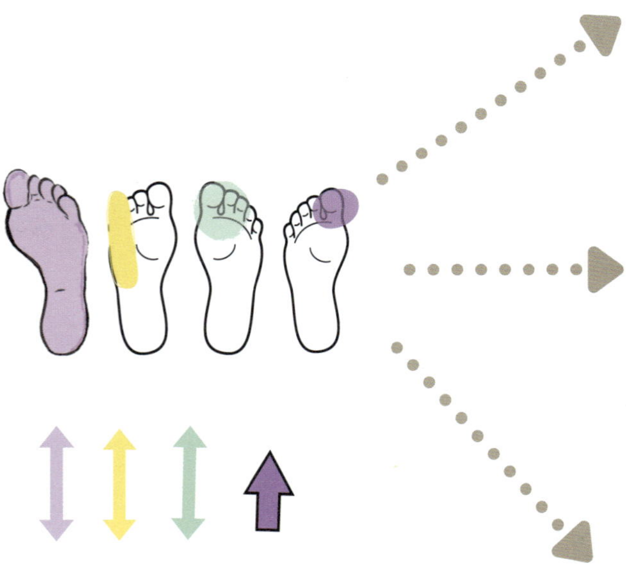

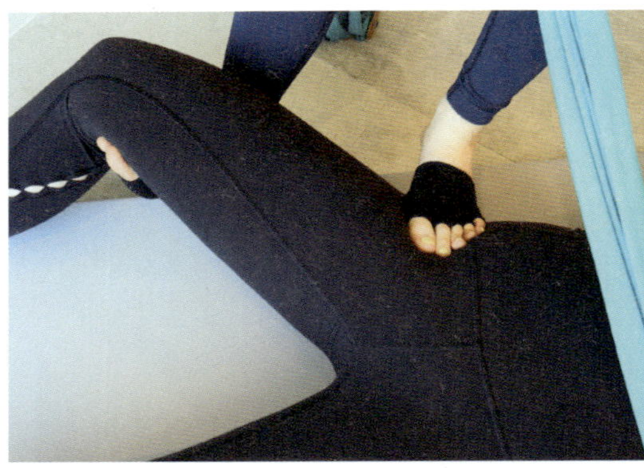

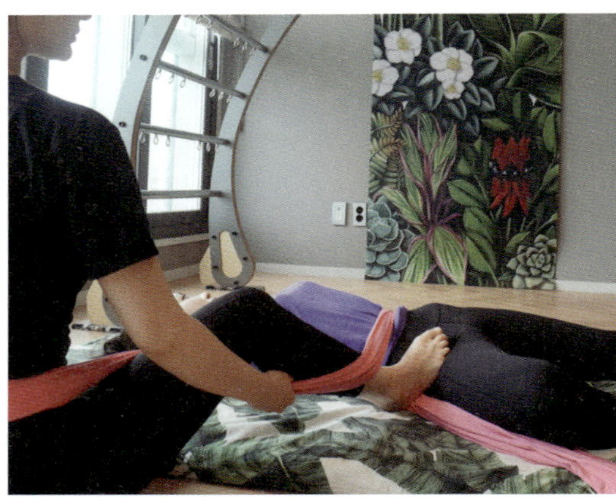

Laying down
prone
upright

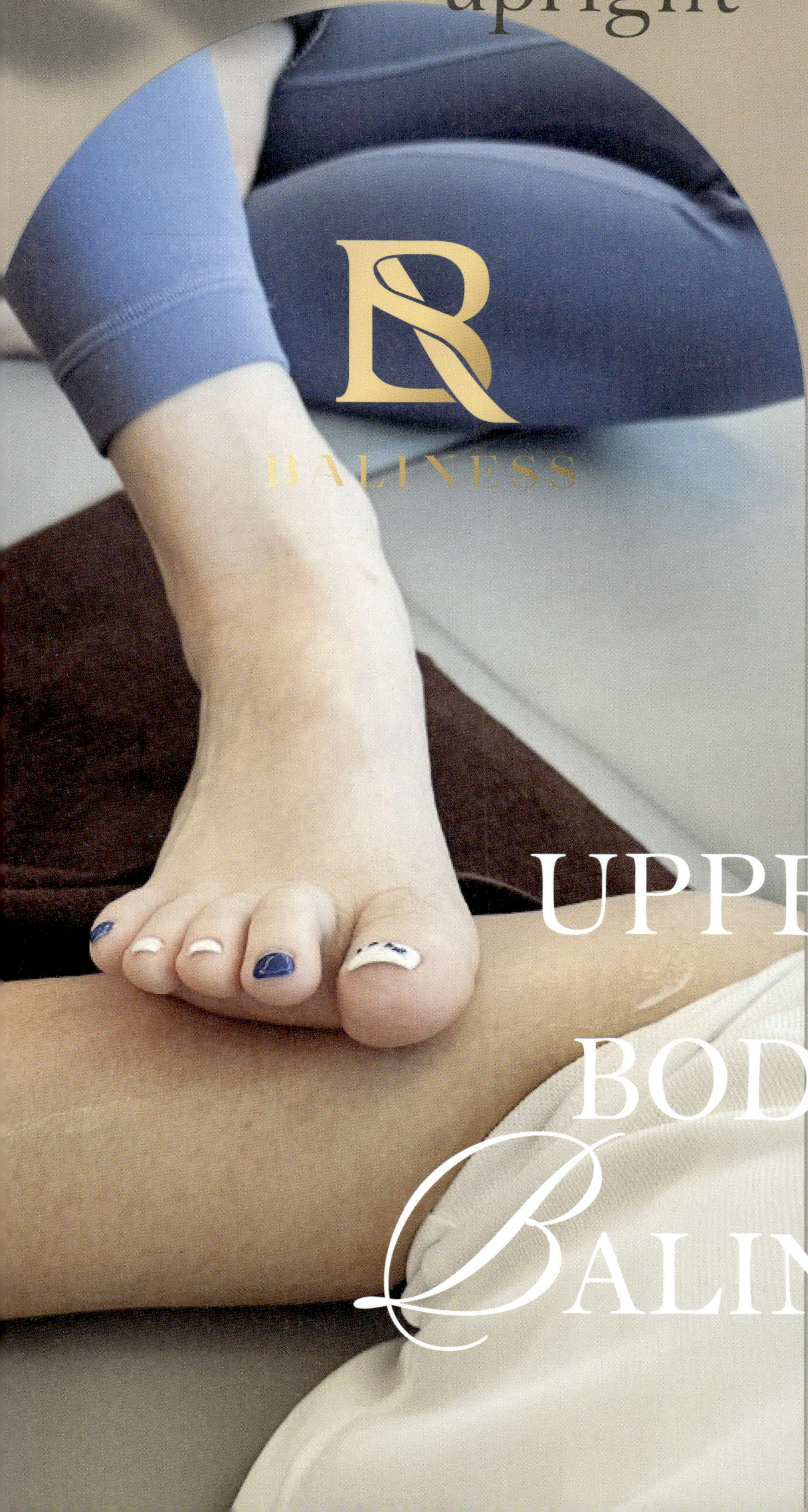

UPPER BODY BALINESS

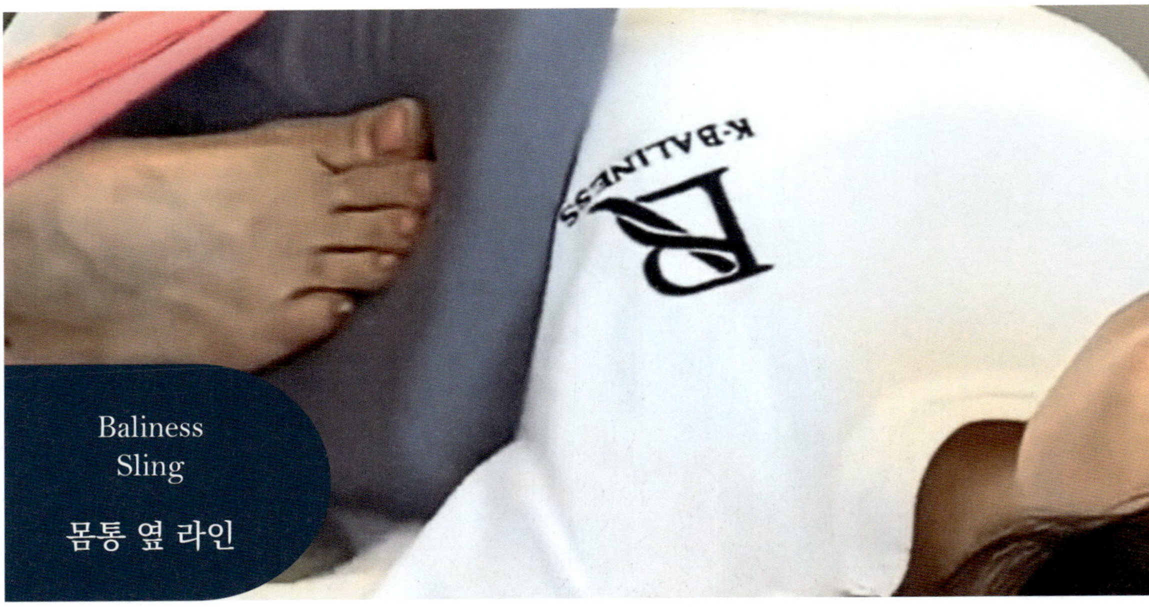

Baliness
Sling

몸통 옆 라인

반대쪽으로 밀어주면 슬링의 반작용에 의해 다시 화살표 방향으로 되돌아 옵니다.
통증을 느낄 시 1번 전체 부드럽게 흔들기를 진행합니다.

갈비뼈 라인은 민감한 부위이며, 갈비뼈가 다칠 우려가 있기에 쿠션을 사용합니다.

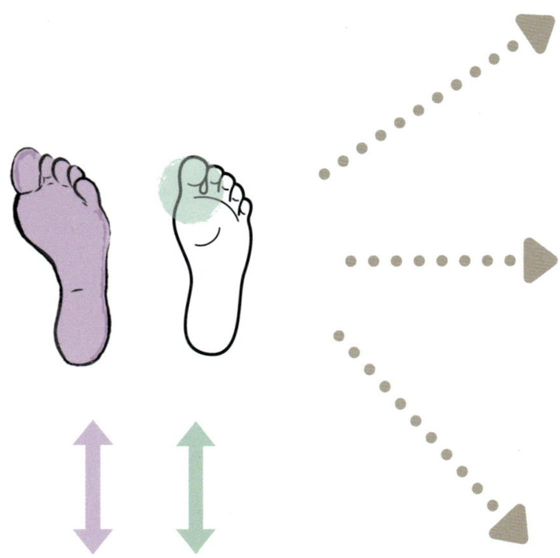

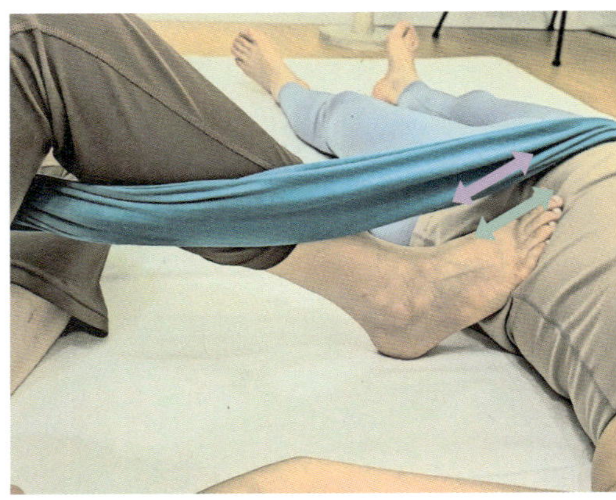

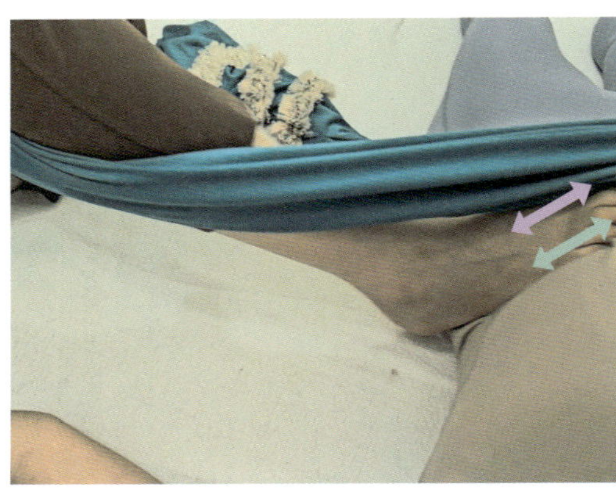

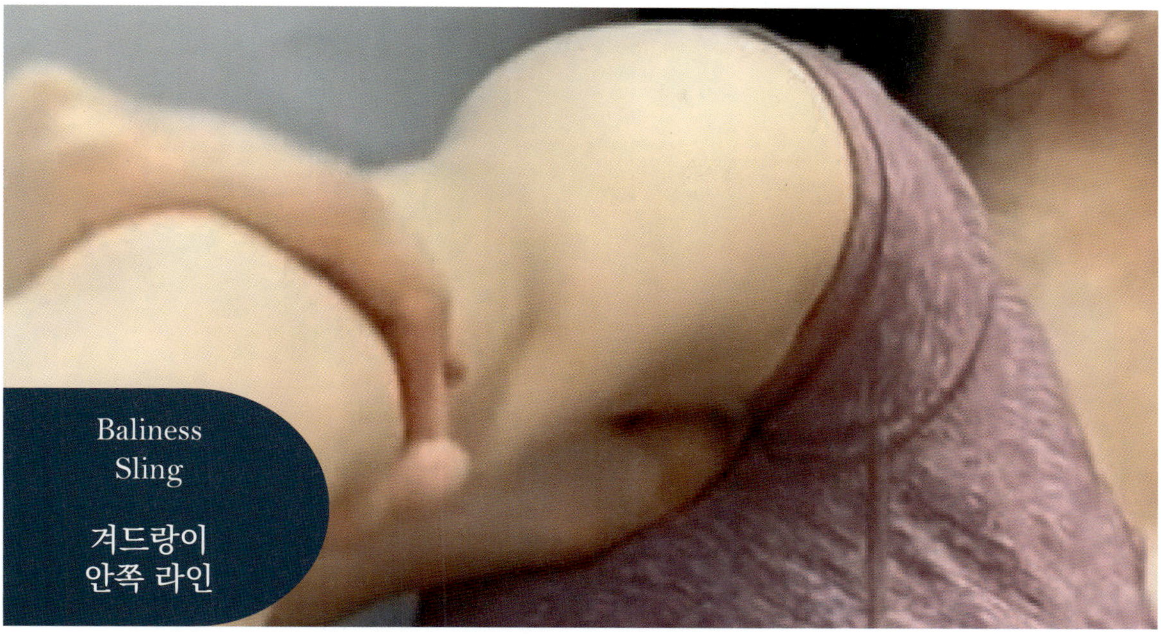

반대 방향으로 가볍게 압력을 가하면 슬링의 반작용으로 인해 화살표 방향으로 돌아오게 됩니다. 이 과정에서 통증이 느껴지신다면, 1번의 전체 동작을 부드럽게 반복해 주세요.

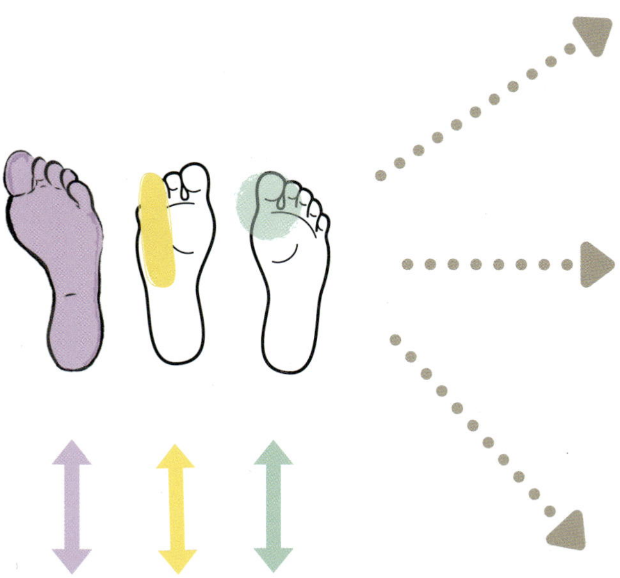

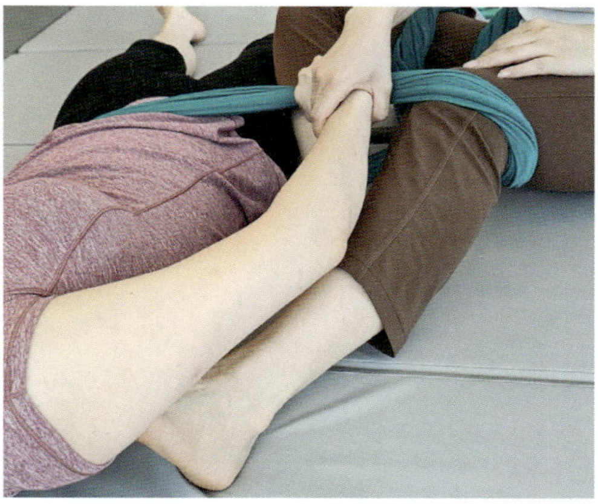

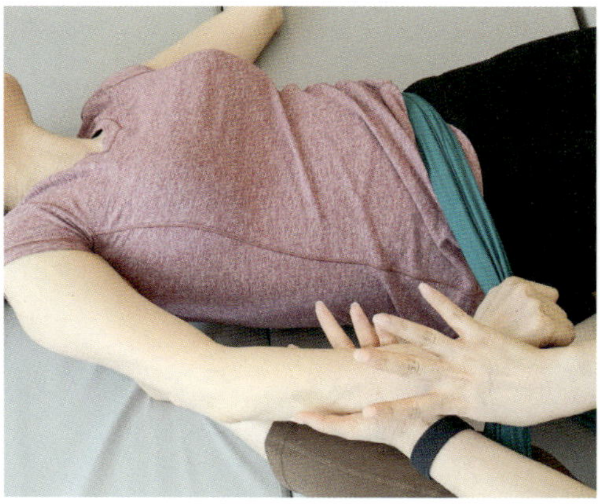

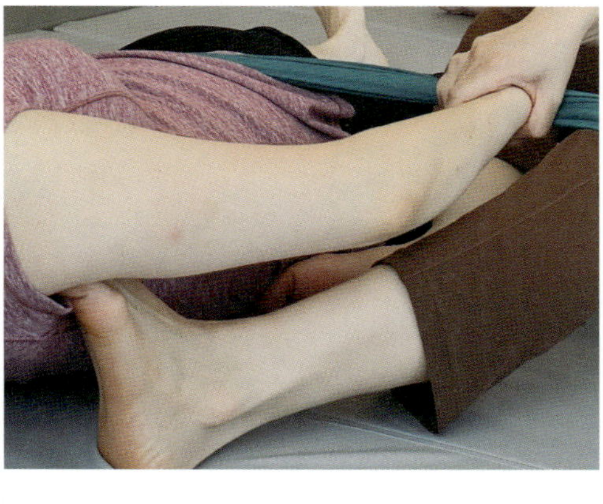

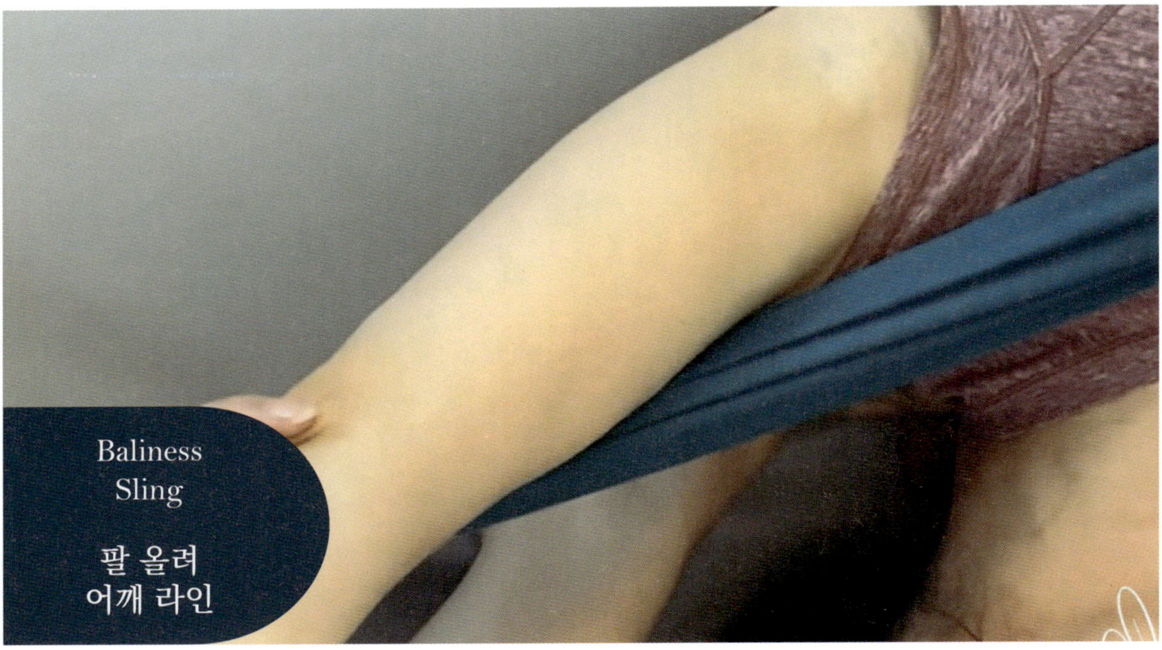

반대 방향으로 가볍게 압력을 가하면 슬링의 반작용으로 인해 화살표 방향으로 돌아오게 됩니다. 이 과정에서 통증이 느껴지신다면, 1번의 전체 동작을 부드럽게 반복해 주세요.

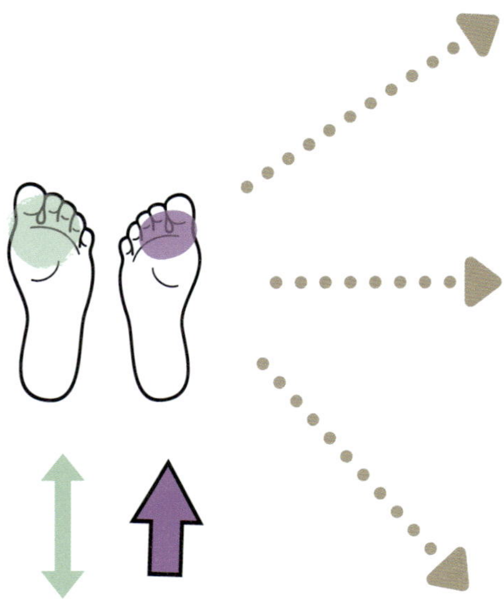

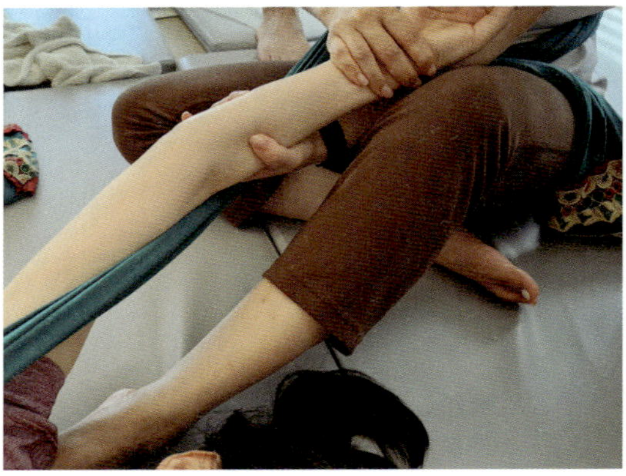

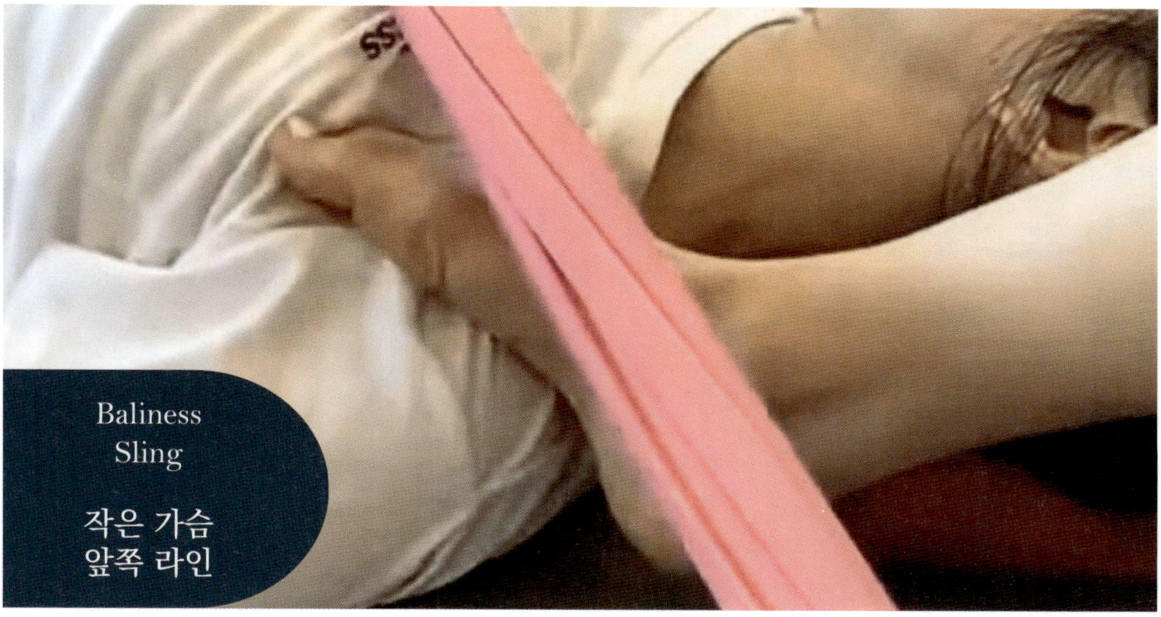

반대 방향으로 가볍게 압력을 가하면 슬링의 반작용으로 인해 화살표 방향으로 돌아오게 됩니다. 이 과정에서 통증이 느껴지신다면, 1번의 전체 동작을 부드럽게 반복해 주세요.

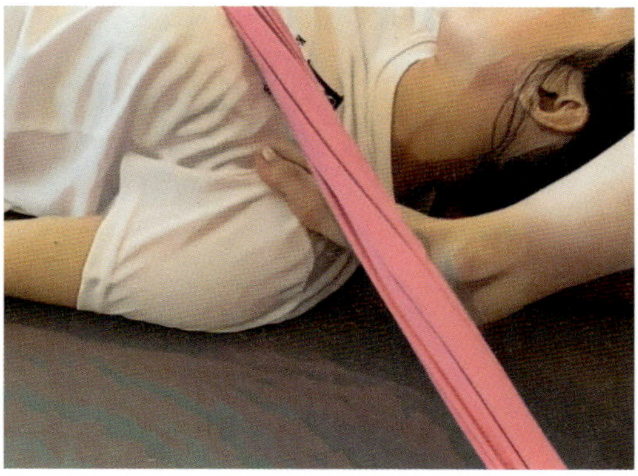

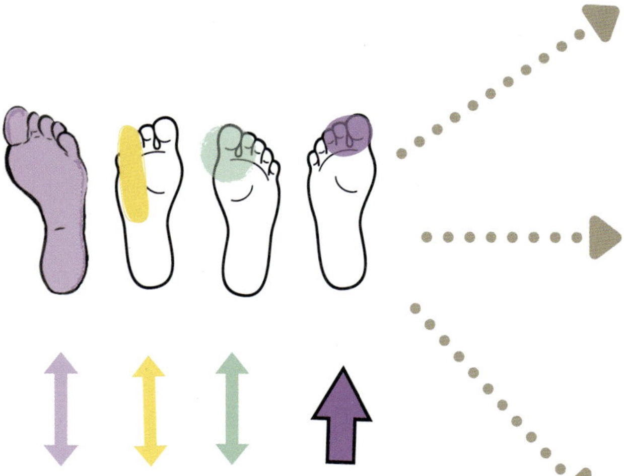

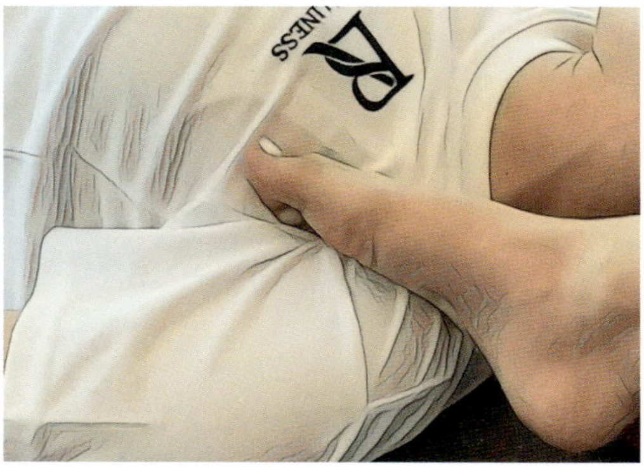

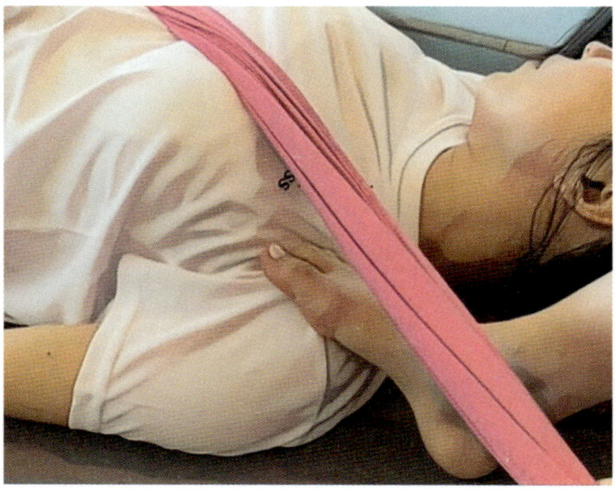

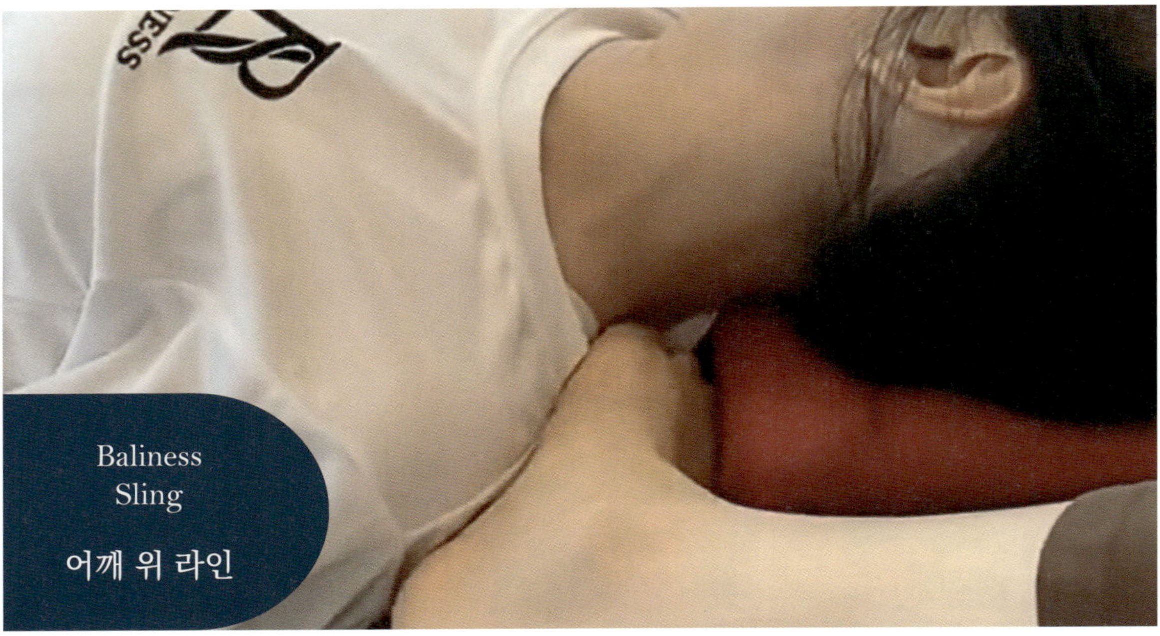

목 주변에 파동을 주면 어지러움을 느낄 수 있으니, 발바닥 앞 전체를 가볍게 앞으로 눌러주세요. 이 상태는 5초 이상 유지하지 않도록 합니다.

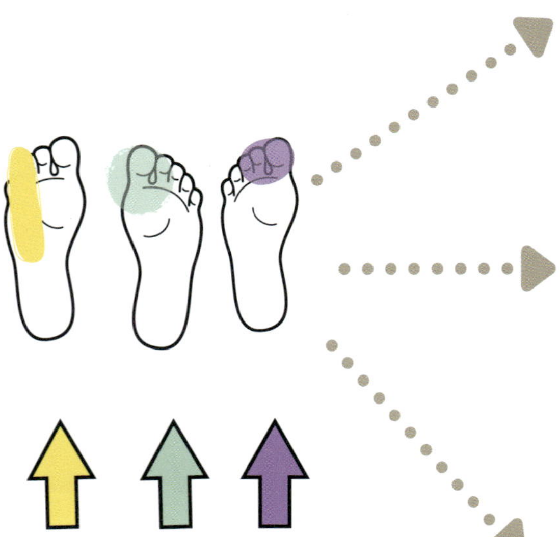

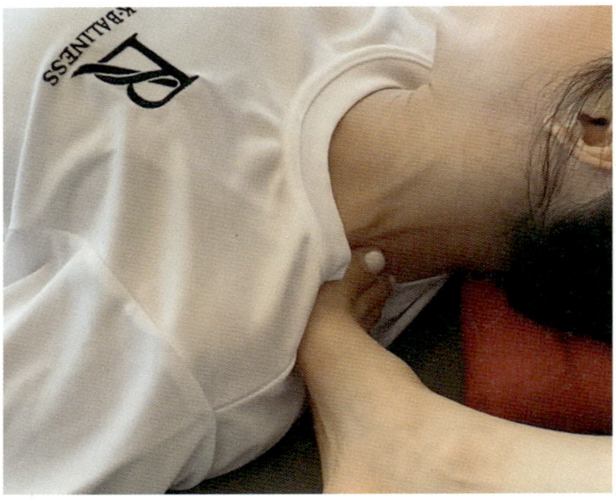

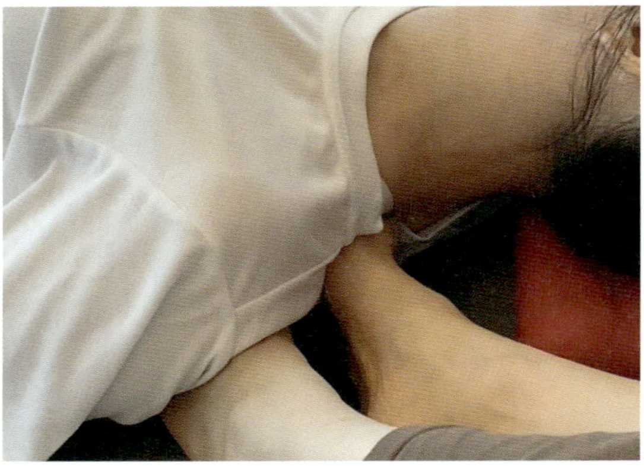

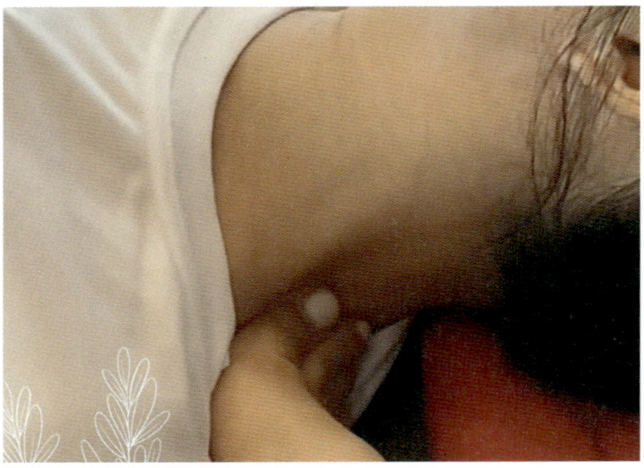

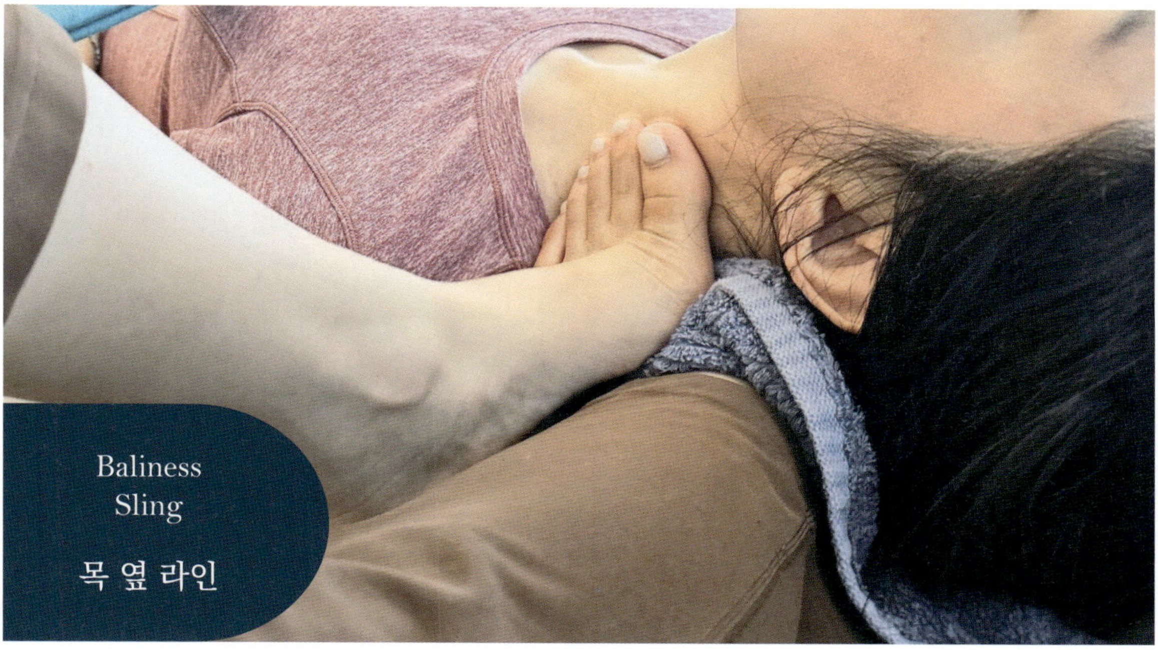

목 주변에 파동을 주면 어지러움을 느낄 수 있으니, 발바닥 앞 전체를 가볍게 앞으로 눌러주세요. 이 상태는 5초 이상 유지하지 않도록 합니다.

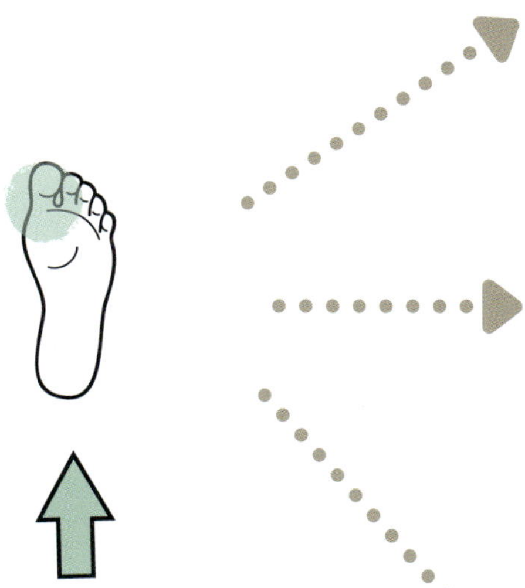

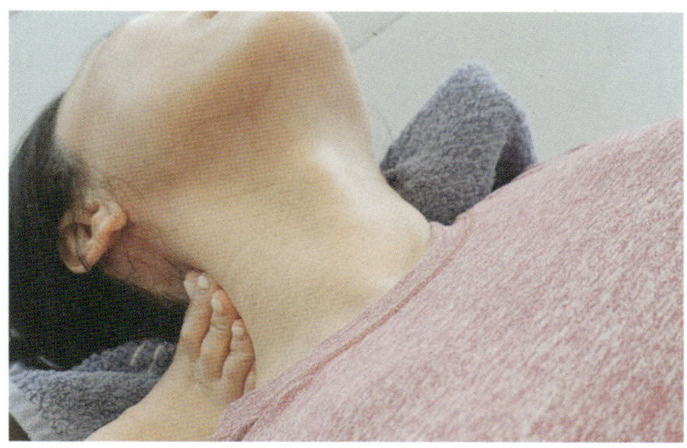

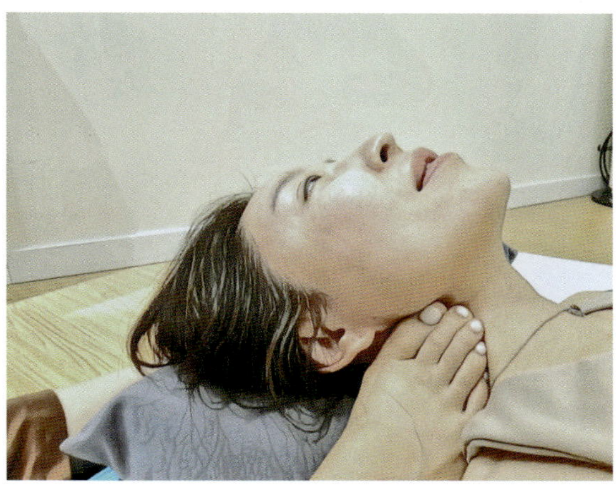

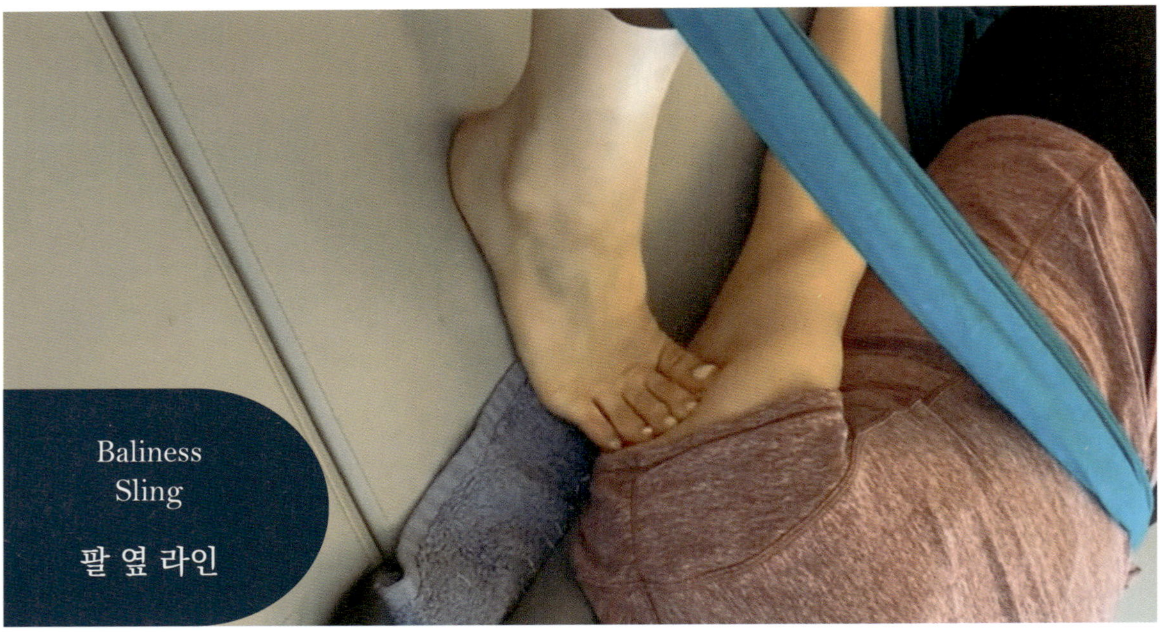

반대 방향으로 가볍게 압력을 가하면 슬링의 반작용으로 인해 화살표 방향으로 돌아오게 됩니다. 이 과정에서 통증이 느껴지신다면, 1번의 전체 동작을 부드럽게 반복해 주세요.

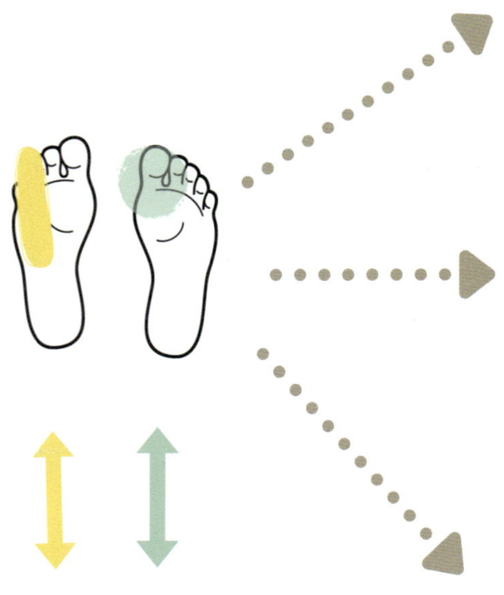

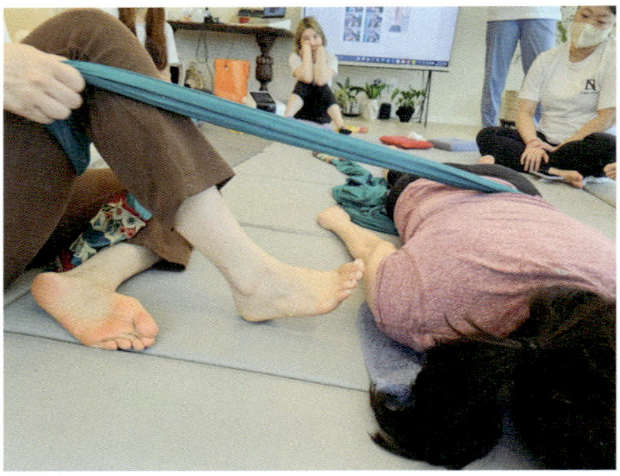

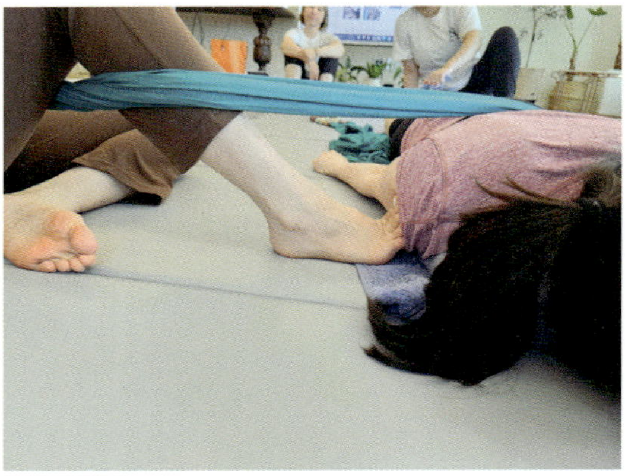

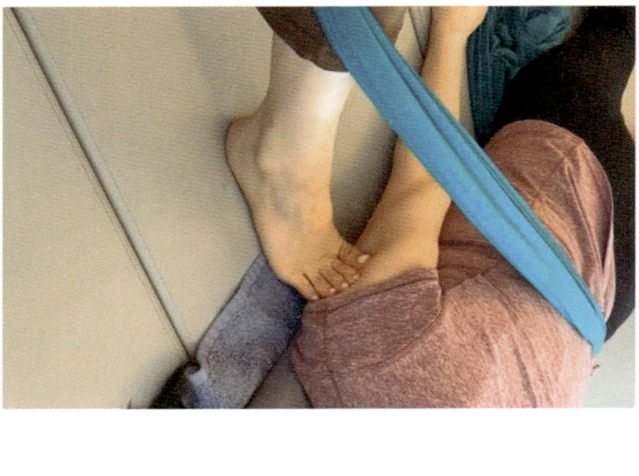

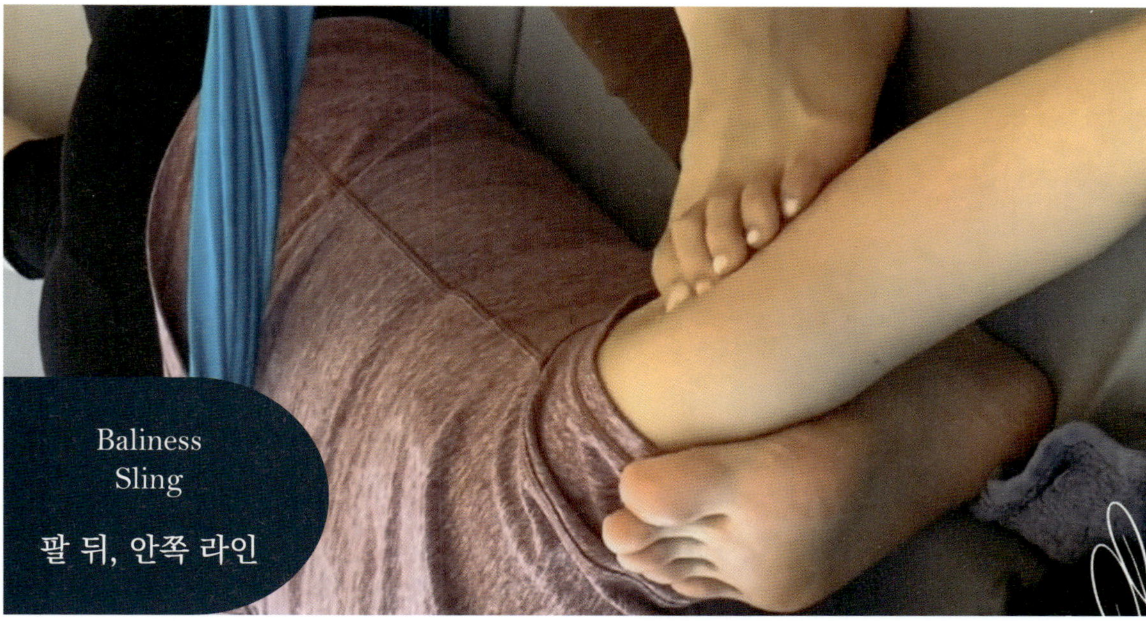

반대 방향으로 가볍게 압력을 가하면 슬링의 반작용으로 인해 화살표 방향으로 돌아오게 됩니다. 이 과정에서 통증이 느껴지신다면, 1번의 전체 동작을 부드럽게 반복해 주세요.

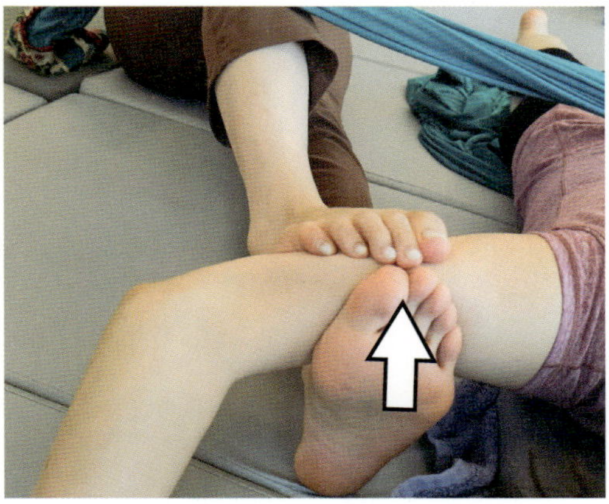

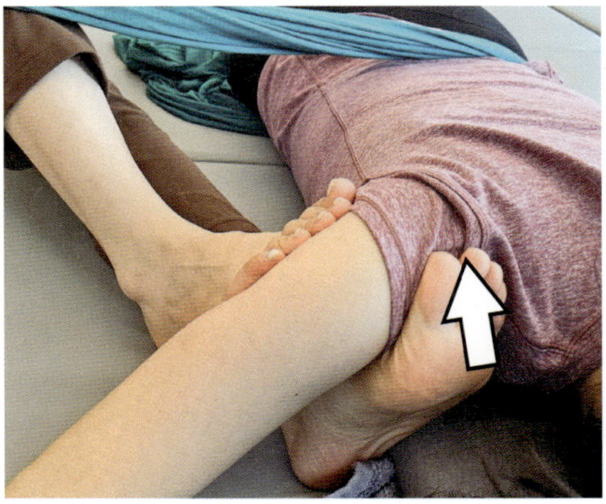

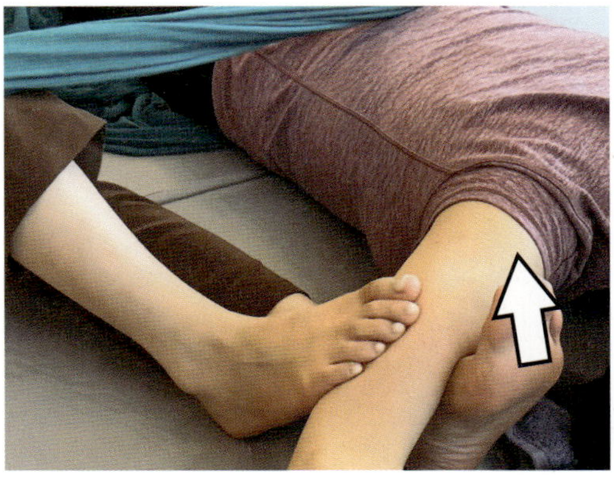

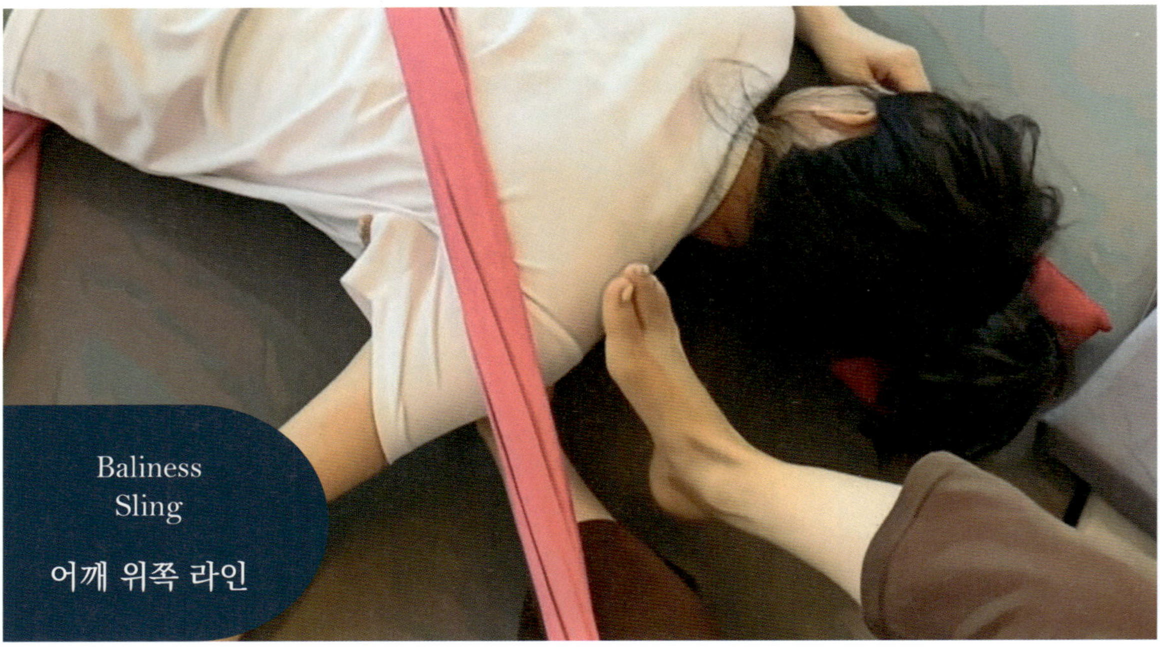

반대 방향으로 가볍게 압력을 가하면 슬링의 반작용으로 인해 화살표 방향으로 돌아오게 됩니다. 이 과정에서 통증이 느껴지신다면, 1번의 전체 동작을 부드럽게 반복해 주세요.

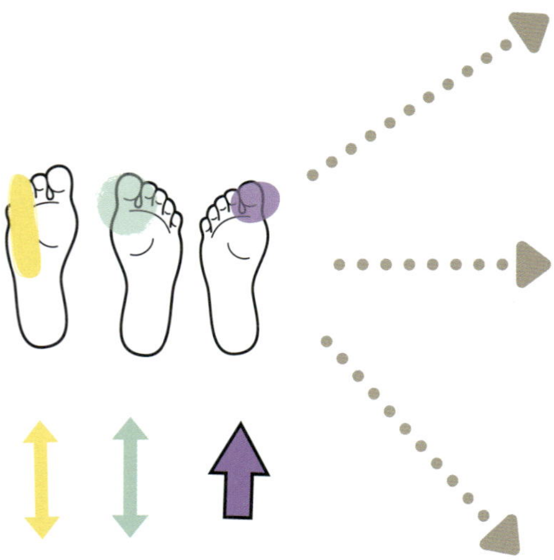

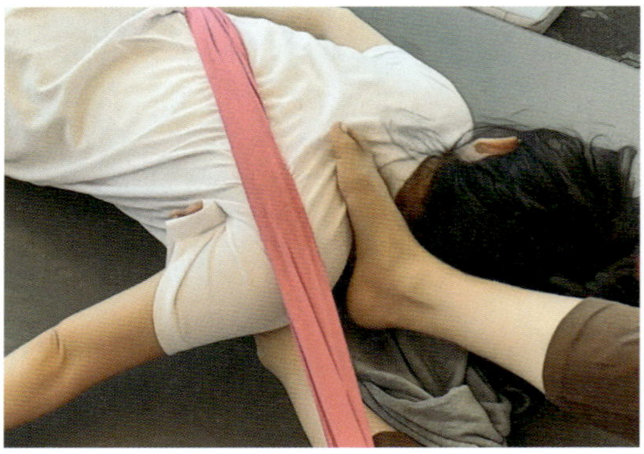

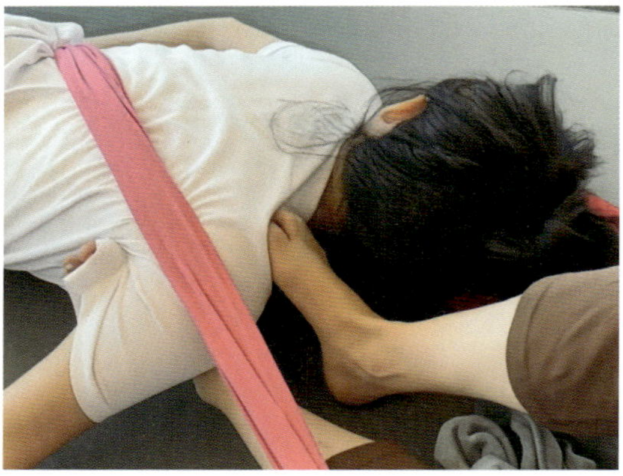

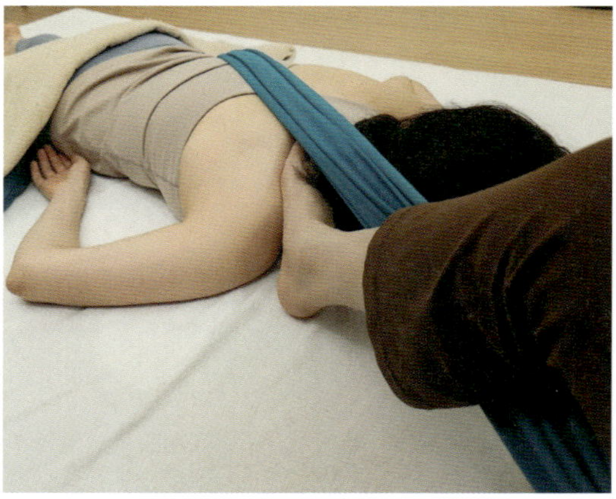

Baby

임산부를 위한 슬링

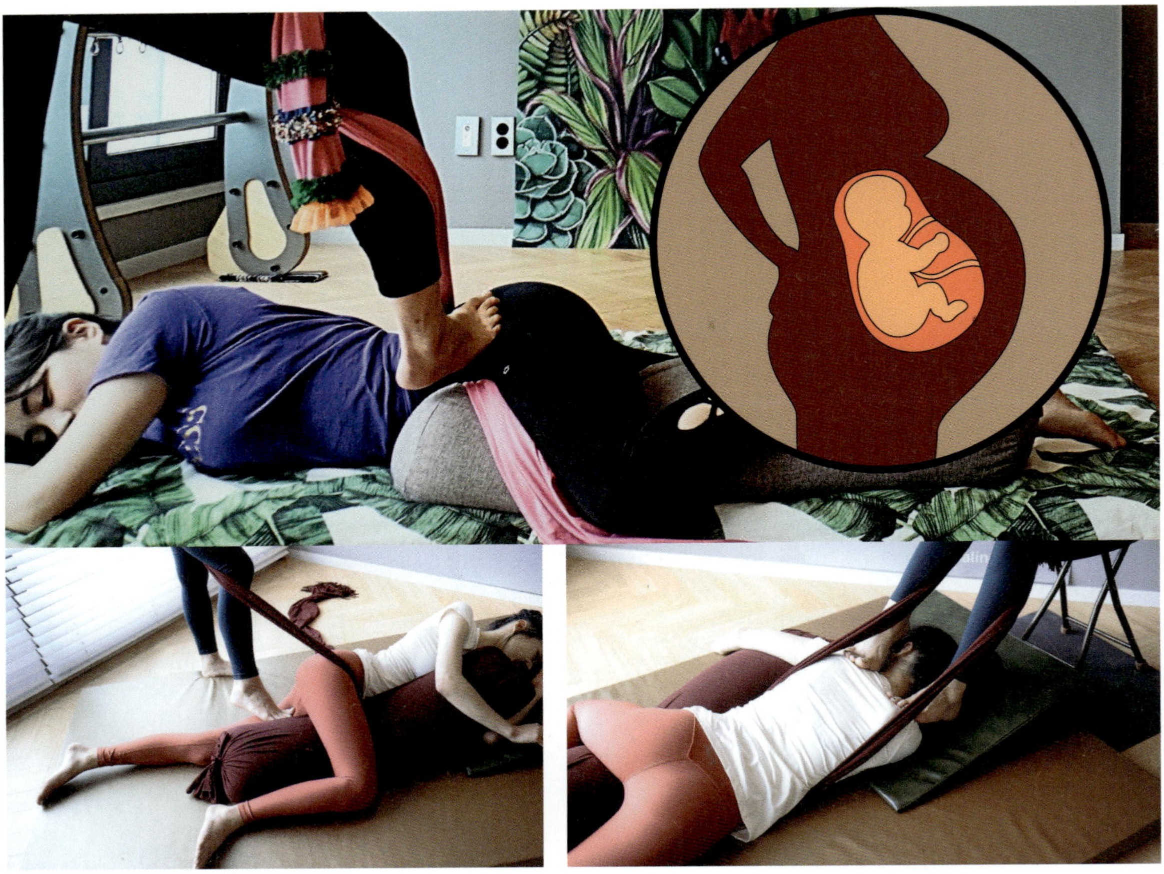

임산부를 위한 배려

임신 20주 이후 안정기 시기에는 다음과 같은 자세를 취하는 것이 중요합니다:
자세 선택: 엎드리는 자세는 피하고, 옆으로 살짝 기울어진 자세로 눕습니다. 이렇게 하면 태아와 임산부 모두에게 안전한 환경을 제공합니다.

쿠션 활용: 긴 쿠션을 준비하여 다리 아래에 받쳐줍니다. 쿠션이 다리를 지지함으로써 편안함을 느끼고, 혈액 순환을 도와줍니다.

상체 높이기: 상체는 약간 높여줍니다. 이를 위해 추가적인 쿠션이나 베개를 사용하여 머리와 상체를 약간 올려주는 것이 좋습니다. 이렇게 하면 호흡이 편해지고, 위장에 가해지는 압력을 줄일 수 있습니다.

편안함 유지: 자세를 취한 후, 몸이 편안한지 확인합니다. 필요에 따라 쿠션의 위치를 조정하여 최적의 편안함을 찾도록 합니다.
이러한 자세를 통해 임산부는 안정감을 느끼며, 태아에게도 긍정적인 영향을 미칠 수 있습니다.

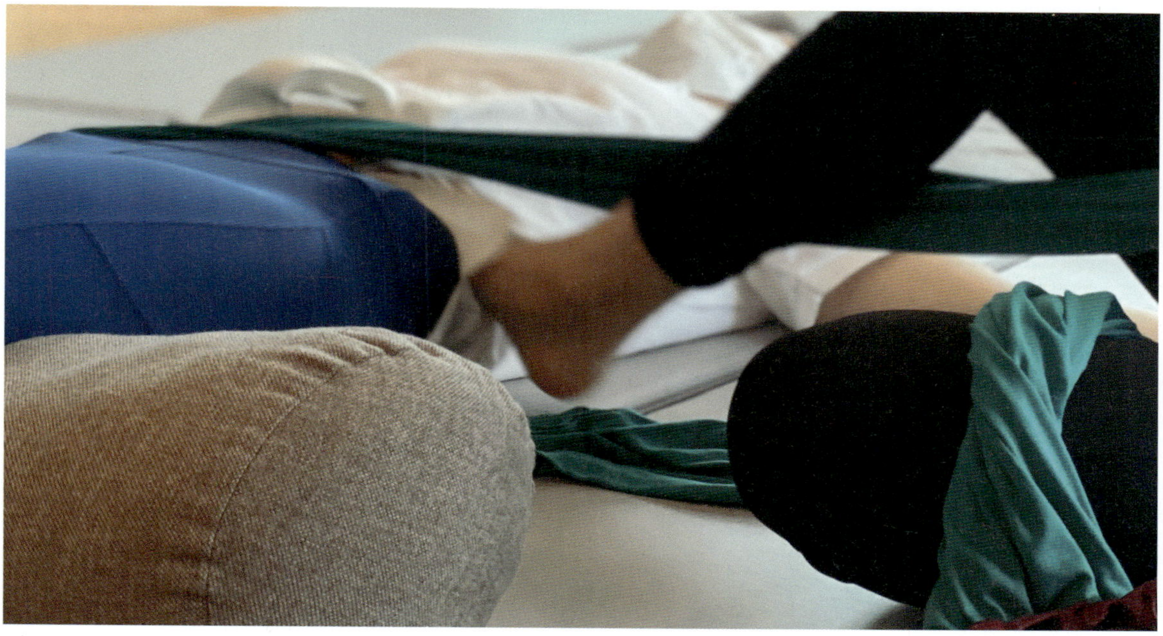

반대 방향으로 가볍게 압력을 가하면 슬링의 반작용으로 인해 화살표 방향으로 돌아오게 됩니다. 이 과정에서 통증이 느껴지신다면, 1번의 전체 동작을 부드럽게 반복해 주세요.

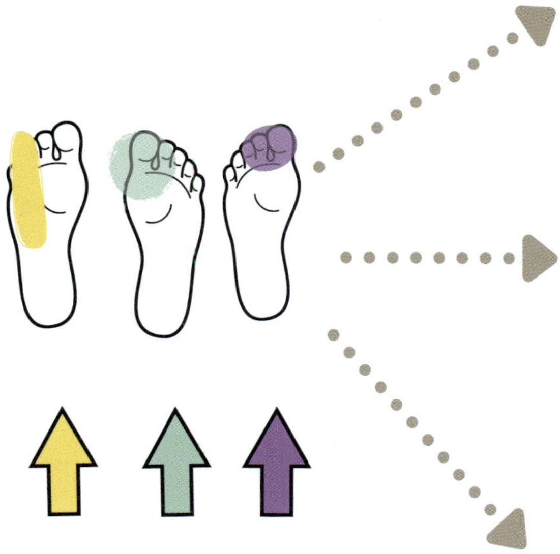

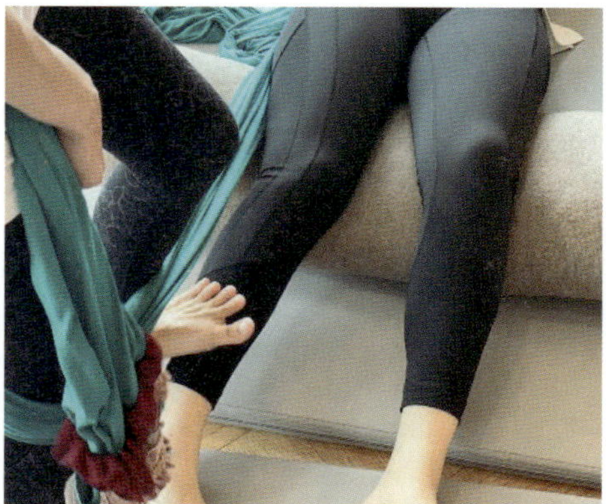

Beautiful body lines

아름다운 바디라인
완성 프로그램

발리너스는 10년간의 원인 불명의 오른쪽 귀 통증 해결을 위한 여정에서 출발하였습니다. 우리는 대체의학의 검증된 연구와 지속적인 노력을 통해 혁신적인 솔루션을 개발하였습니다.

우리의 비전
발리너스는 건강과 행복을 추구하는 모든 이들에게 다양한 혜택을 제공하며, 삶의 질을 향상시키는 것을 목표로 하고 있습니다. 우리는 고객이 새로운 친구를 만나고, 다양한 문화와 경험을 접하며, 보다 건강하고 행복한 삶을 영위할 수 있도록 돕습니다.

우리의 가치
- **신뢰성:** 검증된 연구를 기반으로 한 안전하고 효과적인 솔루션을 제공합니다.
- **연결성:** 고객 간의 소통과 네트워킹을 통해 새로운 인연을 형성할 수 있는 기회를 제공합니다.
- **지속 가능성:** 건강한 삶을 위한 지속 가능한 방법을 모색하며, 고객의 변화에 기여합니다.

발리너스는 여러분의 삶에 긍정적인 변화를 가져올 수 있도록 항상 최선을 다하겠습니다. 함께 건강하고 행복한 미래를 만들어 나가길 바랍니다.

Balanced Body Care

김진희 편저

2025년 1월 3일 초판 인쇄
2025년 1월 8일 초판 발행

발행인 박 진 영
발행처 도서출판 진영사
인천광역시 부평구 주부토로 236 인천테크노밸리 U1
지식산업센터 B동 1507호
전화:032)505-4207
팩스:032)505-4206
E-mail:0183734207@hanmail.net
등록:제2007-000001호

ISBN 978-89-6541-687-6 (03510)
값 22,000원